JN108163

近藤　敦
豊田祐輔
吉永　潤 ［編著］
宮脇　昇

大学の学びを
変える
ゲーミング

GAMING
Can Enhance Learning in Universities

晃洋書房

巻 頭 言
―― 『大学の学びを変えるゲーミング』刊行に寄せて ――

　EC（エレクトリック・コマース）が仮想空間と現実空間との結節門として，既にポイント何倍といったゲーム化したポイント獲得や数十％還元といったキャッシュレス決済のゲーム化，本来は高頻度顧客や宿泊数でマイルやステータスが現実空間の実績によって優遇されるというマイレージ・ライフだったものが仮想空間に拡張して繋がって現実空間の店舗やサービスやレストランと連動する社会になってきた．殊にアマゾン ウェッブ サービス（AWS）と呼ばれるサイバースペースのクラウドサービスが，リアルのビジネス社会で業務の基幹サービスとして多くの会社に有料で利用されている．このようなサイバーとリアルの融合する文脈で語られることの多いこのような新しい現象はゲーム化されたコミュニケーション，ゲーム化された社会プロセスであり，科学の用語では「ゲーミフィケーション（Gamification）」，「ゲーム化された社会（Gamified Society）」と呼ばれている．国連の SDGs もふるさと納税も立派なゲーミフィケーションであり，同時にゲーム化された社会である．企業の人材研修から企業の人事と内部競争の方法として，また，位置情報や閲覧履歴，購入履歴から画像情報までも個人のさまざまなデータが収集されて，上述のマーケティングから納税という社会運営までもが既にゲーミング化された社会として成立している．政府が進めるマイナンバーカードによる健康保険証の代替であったり，ワンストップサービスを可能とする電子政府への移行といった Society 5.0 の含意は ICT や AI だけを意味するのではない．

　狩猟社会を Society 1.0 として，農耕社会を Society 2.0，工業社会を Society 3.0，1980 年代からの情報社会を Society 4.0 とし，これらに続く，新たな社会について，第 5 期科学技術基本計画において日本が目指すべき未来社会の姿として初めて提唱されサイバー空間（仮想空間）とフィジカル空間（現実空間）を高度に融合させたシステムにより，経済発展と社会的課題の解決を両立する人間中心の社会が Society 5.0 である．産業革命後の工業社会の Society 3.0 の発展段階が，同時に現在 4 ステージ目に移行しつつある．これは第 4 次

産業革命（Industry 4.0）と呼ばれ，すべてのデバイスがネットワークに繋がる IoT や，画像を抽象的な深層学習を行う AI やアクチュエーターと呼ばれる動作機構をともなった AI ロボットや自律走行車（CAV）や無人航空機（UAV）が社会や生産を大きく変える局面を技術的特異点とレイ・カーツワイルは提唱した．これは人間と機械が統合された文明という未来事象のことを意味する．その先をユヴァル・ノア・ハラリは「ホモ・デウス」と呼んでいる．

　今後ますます IoT や AI を中心に技術志向の社会が到来し，Society 5.0 と Industry 4.0 の両方が交錯する近未来が，急速な超高齢化と人口急減下の日本の救済枠組みとなるようすべての国民と企業が向き合って，超情報化社会におけるテクノロジー志向の社会実装と社会経済の構造改革，法制度の迅速な規制緩和による大胆なリフォームを行うことが喫緊の課題である．このため，日本政府は総合科学技術・イノベーション会議（Council for Science, Technology and Innovation）を通じて，日本学術会議も提言した内容とともに，第 5 期科学技術基本計画において日本が目指すべき未来社会の姿として，さまざまなイノベーションによりサイバー・フィジカル空間の高度融合システムにより，経済発展と社会的課題の解決を図ることを目標とした．

　近未来の，いや，既に始まっているサイバー・フィジカル高度融合システムの人間と，そして社会側のメタ・パラダイムがゲーミングなのだ．国際シミュレーション＆ゲーミング学会（ISAGA）創立者のリチャード・デュークは，「ゲーミングとシミュレーションは未来への言語」と定義している．つまり，多主体系，いわゆる「社会」モデルのコミュニケーション技法という表現をした．この多主体モデルに参加してシミュレーションを体験して振り返りを通じて，気づきと理解を深め，現在の問題解決への糸口を未来へ向けて探るという特徴こそサイバー・フィジカル高度融合システムの人間と社会側のメタ・パラダイムたる理由なのである．世界的には 1980 年代の成熟した民主主義にインターネットとスマートフォンがもたらした市民が全員参加できる政策の議論であるテクノロジーアセスメント（participatory Technology Assessment：pTA）や，代議士による議場での議論と意思決定を排除して，市民対話を基本とする直接民主制の試みである熟議が普及してきた．そこでは賢い市民が自ら科学的なデータとシミュレーションによる試算を行い，行政やシンクタンクが唯一提示

する方式から，多様で知的な市民が多元的な価値観とさまざまなモデルに基づきシミュレーションを用いて予測や試算を行い，エビデンスに基づくデータの解釈や理解を踏まえて政策決定を図る地方政府になりつつある．その一方でゲーミングを用いた統治で良質な市民とコミュニティを通じて社会の公正を担保する例も増えてきた．ウィキリークスは特殊であるものの，ウィキペディアを始め，オープンソースや研究論文のオープン化の流れ，Code for Americaをはじめ，CivicTech と呼ばれる新たな社会問題の解決方法とともに，トリップアドバイザーの口コミや評価（レーティング）などでも市民の良好な参加による公正の確保が既にゲーム化された社会運営として用いられる時代となってきた．ジェイン・マクゴニガルの著書には，英国でガーディアン紙が始めた「地元選出議員の経費を調べよう」プロジェクトの例が出ている．この事例はクラウドソーシング（群衆英知による集合参加）として人々のゲーミング参加を通じて成功した事例である．ガーディアン紙は公開情報となった 100 万枚以上の国会議員の黒塗りされた経費請求記録を分類もインデクスもないスキャンデータの画像として情報公開で手に入れたが，記者や職員のみでは精査に時間がかかるため，50 ポンドのレンタル料金の web サイトにこの画像をアップロードして，「地元選出議員の経費を調べよう（Investigating Your MP's Expense）」ゲーミングの提供を開始した．これは世界的な大規模多人数参加型調査ジャーナリズムのゲーミングである．国会議員の経費を調べるという活動に参加して，文書をじっくり一枚ずつ調べて，その経費文書に興味深い情報が含まれているか判定して，重要な事実を発見することがゲームのミッションとなっていた．この経費請求書は「ブラックアウトゲート」と呼ばれ，このゲーミングに英国内はもちろん 2 万人が世界中から参加して，開始 3 日後には 17 万通の文書を分析して，結果的にはさまざまな経費搾取やモラルハザード，議員の隠し事などが明らかになり 28 人の議員が辞職を余儀なくされ，うち 4 人の議員は刑事訴訟された．ゲーミングは確かに社会を変えつつあるのだ．

　ところで，教育は政策現象である．殊に，公教育は政策現象である．先に生まれた国民（や市民）が次世代に何を教えるかについて議論し，法案を承認して，憲法に定める義務教育として，あるいはその後の中等教育と高等教育についても意思決定をして，予算を配分して，必要があれば学校を建設し，教科書

を検定し，教員を養成するための高等教育システム（教育学部や教職課程）をつくり，国家試験でライセンスまで発給している．これを公共政策と呼ぶ．複数の公共施策を束ねている公共政策という政策パッケージは全て行政需要予測というシミュレーションに基づいている．伝統的な座学や教科書の暗記や音読は，伝統的な知識移植の教育である．現在では参加型のワークショップや，反転授業，サービス・ラーニングなど学生が参加しながら教育する手法（教員側からは教授法と呼ばれる）に脚光があたっている．本書『大学の学びを変えるゲーミング』の事例が高等教育において用いられているからと言って教育に依拠しているわけではない．近年では参加しながら教育するアクティブ・ラーニングが大流行だが，本書はシミュレーション＆ゲーミング分野が最も重視する「知識の移植ではなく，ゲームに参加することで世界観の獲得であったり動態（ダイナミック・システムの挙動）の理解をするという体験を通じて体得（学習）する」という，ゲーミング・シュミレーションの学習に依拠している．言い換えれば，実際にやってみる（体験から学ぶ）という学習を基軸にしている点が教育という政策現象と大きく異なる点である．ギリシャ神話の神々もゲームをするのだが，もちろんゲーミングは人類の誕生とともにある古くて新しい現象である．ホイジンガの「ホモ・ルーデンス（homo ludens）」は，ラテン語で「遊ぶ人間」という意味である．ホイジンガが述べたように「ゲーミング」の存在自体は「遊ぶ人間」である人類の誕生とほぼ同じである．今日のゲーミングの研究体系は50年の歴史，すなわち，第2次世界大戦後の「サイバネティックス」の誕生とともに派生的に誕生した．1958年にはアンドリンガー博士による「ビジネス・ゲーム」の「ハーバード・ビジネス・レビュー」誌での発表，60年代からのオフィスコンピュータの普及とともに，戦後の電算化社会の始まりと科学志向の産業化社会とグローバリゼーションの進展がみられた．そのような中，ゲーミングには，国際政治や社会変動，公害などの都市問題といった社会システムの構造理解や問題解決への適応が生じ，科学に基づく合理的な地域開発や環境政策，そして冷戦を終わらせるだけの経済発展と統治枠組の発展が見られた．ローマクラブのレポートである『成長の限界』（1972）共著者の京都賞も受賞しているデニス・メドウズ教授は，ISAGA の創始者でもある．この70年代には，ISAGA の学会誌である『Simulation & Gaming』の刊行（SAGE）が始

まった．80 年代からはパソコン・ゲーミング，90 年代からはネットワーク・ゲーミングを経て，ビジネスのみならず，教育や医療トレーニングといったいわゆるシリアス・ゲーム，ソーシャル・ゲームが誕生して，情報化社会とインターネット社会の進展をみた．先述のローマクラブ・レポートを遠因として 1982 年のリオ・デ・ジャネイロにおける地球サミットという全球的な視点からの環境科学に基づく社会運営などが京都議定書の第 1 約束期間として京都で締結され，パリ協定に至るまでの京都議定書第 2 約束期間に続いたことは記憶に新しい．多国間交渉の場における外交は「会議は踊る」時代から既に「シミュレーションに基づく時代」にシフトした．UNFCC（気候変動枠組条約）の国際会議の場では，事前にデータとモデルのスクリーニングが論文と報告書ベースで行われて，データの採択からシミュレーション・モデルの評価などを踏まえて，政策アジェンダとしての政策変数の議論がされた．日々刻々と変わる政策変数の合意点や採択変数を事前に合意したシミュレーションに投入して，その結果を参加国にフィードバックしてさらなる議論と政策変数の投入が続いた．第 2 約束期間でもできず，その後のパリ協定でもできなかったこのシミュレーションに基づいたリアルタイムのフィードバックによる国際的な政策形成を京都議定書において締結できた裏には，ゲーミング・シミュレーションの専門家であり筆者の先輩の国立環境研究所の故森田恒幸教授のチームがいたからである．

　ISAGA は 2019 年に 50 周年を迎え，日本におけるシミュレーション＆ゲーミングの歴史も同年に 30 周年を迎えた．国内の高等研究教育拠点には，多くの大学があるが，本編者・著者らの多くが教育に関わってきた立命館大学政策科学部の「ゲーミング・シミュレーション技法」と「危機管理シミュレーション」の中で試行錯誤されてきた教育実践が本著に結実している．なお，立命館大学では，故関寛治教授が開始した国際関係学部において 30 年にわたって学部生全部が国連や国家，マスコミや多様な団体としてロール・プレイに参加しながら多様な国際関係を学習する秀悦なグローバル・シミュレーション・ゲーミング（GSG）の実践を行うとともに，非常に珍しい任天堂との連携で学内に設置されたゲーム研究センターがデジタルゲームのアーカイブと研究拠点として国際的にも有名となった日本のシミュレーション＆ゲーミングの拠点になっ

ている．もっと遡ると，東条英機に敵視された戦前の日本帝国陸軍の希代の戦略家であった石原莞爾が演練と呼ばれる机上戦闘・戦術シミュレーションに関する国防学の研究を行った伝統の系譜にある．

　本著も主に体験から学ぶ（Learning by doing）に即したゲーミング・シミュレーションという個人と組織の学習に焦点を当てて3部から構成されている．教育という政策現象から体験しながら学習するという参加者へ軸足を大転換するとともに，新進気鋭のシミュレーション＆ゲーミングの研究者であり教育の実践者である本書の編者・著者ら21世紀の伝道師たちが示す体験から学び，そこにある問題を理解したり，あるいは解決の糸口を集団で見出そうとするためにゲーミング・シミュレーションを自らデザインして構築できる学習者の解脱までをも射程においた構成をご一読いただければ，シミュレーション＆ゲーミングが近未来の基底基盤（メタ・パラダイム）であることが誇張でないことに気づくであろう．

立命館大学政策科学部教授

日本シミュレーション＆ゲーミング学会（JASAG）理事・会長

国際シミュレーション＆ゲーミング学会（ISAGA）理事・元学会長

鐘ヶ江　秀彦

略語

CAV：Connected Autonomous（Land）Vehicle

UAV：Unmanned Aerial Vehicle

参考文献

ハラリ，Y. N. 著，柴田裕之訳（2018）『ホモ・デウス（上・下）テクノロジーとサピエンスの未来』河出書房新社．

ホイジンガ，J. 著，高橋英夫訳（1973）『ホモ・ルーデンス』中央公論新社（中公文庫）．

鐘ヶ江秀彦（2019）『21世紀の新たなパラダイム──加速するゲーミング・シミュレーション社会（前・後編）──』マッセ OSAKA．

マクゴニガル，J. 著，妹尾堅一郎・武山政直・藤本徹・藤井清美訳（2011）『幸せな未来は「ゲーム」が創る』早川書房．

は じ め に

　文部科学省が唱道するアクティブ・ラーニング（AL）の中でもゲーミング・シミュレーション（単に「ゲーミング」とも）は，徐々に大学で導入されてきた．古くは 1960 年代からコンピュータを用いたシミュレーション予測が広まり，1980 年代以降は人間主体のゲーミングが普及してきた．

　しかし，初めてゲーミングを実践する教育者及び学習者が不安を感じるのは，今も昔も同じである．最初の実践にあたっての心理的ハードルは，きわめて高い．その理由は，座学とは異なり，ゲーミングが会話を要し，行動を選択し，交渉を通じて相手の考えを探り，合意なり均衡なりに達しようとする非計画的学習過程であり，それを事前にある程度予想して準備しようとしてしまうためである．

　しかし本書でとりあげるゲーミング・シミュレーションやロールプレイングは，すべて座学を補うものである．そもそもゲーミングとは，社会的事象を抽象化したゲームを通じて，問題発見・問題解決を見出すという教授法ないし合意形成法の１つにすぎない．ゲーミング大国であるアメリカで爆発的に AL が普及している背景には，学生数の増大，予算の制約，教室環境の変化がある．既存の規律型の座学では生産されにくくなり，かつ消費しきれなくなった知を，疑似体験を通じて学ぶ知に変換する方法として，AL は拡大している．むろん座学のほうが記憶形成には優れているため，ゲーミングと座学との有意な組み合わせが求められる．

　ゲーミングやロールプレイングは，主体的に考え，動き，交渉と協力を通じて学ぶことが利点である．またこれほどディベート力を向上させる教育法はない．本書は，AL の時代に教育を受ける世代の視点を交えて，ゲーミングやロールプレイングをより容易に行うことで，防災，政治学，国際関係の教育・学習分野の理解を助ける専門書である．換言すれば，座学にも資するディープ・ラーニングの効果的な学び方・教え方を示すのが本書の役割である．

　本書は，３つの部からなる．第Ⅰ部では，ゲーミングやロールプレイングの

魅力を論じる．授業中に教育者には 1 人 1 人の学びを見る余裕が生まれ，学習者が笑顔で学ぶ瞬間を目撃する．教育者と学習者の距離は近くなる．これほど教育者・学習者双方にとって幸福な学習方法はない．また学習者の多くは，子供の頃からゲームに慣れ親しんでいる．例えば歴史学習においては，歴史の事例が学習の「対象」から「課題」に変化し，オリジナルを創る喜びを学習者が手にすることが容易になっている．

第Ⅱ部では，ゲーミングやロールプレイングの具体例を紹介する．本書で紹介するゲーミングの実践例は，多様である．ここで紹介するゲーミングは，国際政治，日本の政治・外交，環境問題，水問題，防災等多岐にわたる．それぞれの事例で得られた学習効果・能力開発に関して説明する．

本書の核心は，第Ⅲ部にある．第Ⅱ部で紹介したゲーミングの作成を第Ⅲ部でマニュアル化し，誰でもゲーミングを創作できるようにする．この創作は，特殊な創造力を要さない．多忙を極める教育者にとっては座学のほうが効率的であり準備時間が少ないと信じられている．しかし実は必ずしもそうではない．ゲーミングやロールプレイングにも確かに準備が必要であるが，いくつかの要素を現実に即して組み合わせれば，比較的短い時間で完成する．実際に，受講生にゲーミングを創作させる課題を提示すると，みな嬉々としてとりくむ．むろんゲーミングにはいくつかのパターンがある．用途に応じて最適な型を教育者が選び，自由に変型して，よりよいゲーミングを実践する一助としたい．

本書は，科学技術融合財団（FOST）の 2016 年度研究助成「国際公共政策のゲーミング・シミュレーションのマニュアル化」の成果の一部である．また本書発刊にあたっては，日本シミュレーション＆ゲーミング学会（JASAG）西日本ヒューマン・ベース政策過程ゲーミング・シミュレーション研究会の協力を得た．また執筆者は，神戸大学，立命館大学，京都府立大学等でゲーミングやロールプレイングを多様に用いた教育を行ってきた．本書は，これらの授業の参加学生（プレイヤー）たちが楽しく学んだ成果でもある．

2019 年 9 月

編　者

目　　次

I

アクティブ・ラーニングとゲーミング

──その魅力と理論──

II

ゲーミングを通じて学ぶ

──実践事例とその構造──

III

ゲーミングを創る
――第Ⅱ部の内容をリフレクトして――

第 3，7 章については，参考資料を晃洋書房ウェブサイト上（http:
//www.koyoshobo.co.jp/news/n32248.html）に掲載しているの
で参照してほしい．

I

アクティブ・ラーニングとゲーミング
──その魅力と理論──

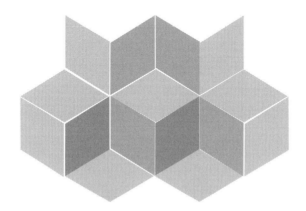

第1章
学習者を巻き込むゲーミング
──その7つの魅力──

吉永　潤

1　ケンカ寸前のゲーミング

　先日の，筆者の大学授業でのことである.

　「教育方法・技術論」と題するその授業は，新学習指導要領の内容と近年のアクティブ・ラーニングの動向を紹介し，実際にいくつかの活動型授業の事例を体験させて，その教育効果を考察させてみるというものであった. そこで実施したものの1つが，筆者がゼミの学生と共同で開発した「1630年代　幕府の選択」という歴史ゲーミング教材である[1]. 詳しくは本書第2章で紹介するが，簡単に言うと，1630年代，スペイン・ポルトガルとオランダとが，それぞれ江戸幕府と外交・通商関係を樹立すべく交渉し，幕府との友好関係獲得をめぐって競い合うというものである. スペインとポルトガルは，当時密接な関係を持っていたことから1チームとし，オランダチームと競って幕府チームを口説く. このゲーム構成は，言ってみれば，三角関係のラブゲームである.

　ゲームの最終段階では3つのチームが合同で話し合いを持つのだが，あるゲームグループでは，もともと劣勢だったスペイン・ポルトガルチームの男子学生が，よほどオランダチームが気に障ることを言ったのか怒り出してしまった. 「オマエらな，なんで××××やねん！　さっき×××言うとったやんか！」. オランダも負けずに「うるさい！　悔しかったら××××してみい！」といった感じで応酬している. 通常，ゲーミングで教師はゲーム進行に介入しないのだが，この場合は「冷静に冷静に. これゲームやで」と静めに入らざるを得なかった.

　しかし，同時に筆者が感じたのは，ゲーミングの威力である.

すでに学習者は，これが歴史学習である——これは大学の授業なので，歴史学習組織方法の事例研究である——とは少しも思っていない．ゲームに没入している．

授業後の感想で，学生たちは次のように記している．

- ○「ここまで世界にのめり込むディスカッションは初めてだった．私はもともと歴史が好きで，よく勉強していたのだが，もし，このときこうしていればというのは考えたことがなかった．（略）言葉によって歴史は大きく動いていたかもしれないということを深く感じた」．
- ○「ゲームでは，自分たちが歴史上の人物になったかのように，そして自分たちが歴史を変えると思うとワクワクが止まりませんでした．どうやったら幕府が振り向いてくれるのだろうかと真剣にみんなで考えるのも楽しかったです」．
- ○「自分がこの立場なら相手はどうされたいか，相手はいまどう思っているかなど，本当に恋愛ゲームのような感覚ですることができた」．
- ○「今回私はオランダの視点に立って貿易をするよう話を進めていたが，圧倒的に不利な状況であるスペイン・ポルトガルの視点に立って貿易をしてくれるよう会話もしたかった」．

このように，学生たちはゲームの世界に没入し楽しんでおり，うち1名は，相手チームでプレイしてみたかったとまで述べている．もちろんこの学生たちは，このゲームが，「鎖国」を教えるための歴史教材であることは最初から百も承知である．そうでありながら，こうなるのである．それにしても，筆者の短くはない大学教育歴の中で，授業の内容自体をめぐって学生が怒り出すほど真剣になった授業は，これが初めてであった．

これまで，筆者が筆者なりに掲げてきた大学授業の最低目標は，ズバリ「学生が寝ないこと」である．しかし，この最低目標の達成が，なかなかに難しい．そのために，どうしても概論的な一方向的授業が多くならざるを得ない中で，平易で具体的な説明を工夫してみたり，学生に問いを発してみたり，資料を配って学生に考えを交流させてみたり，ときに各意見を討議・ディベートさせてみたり，といった工夫を行ってきた．このような工夫はもちろん，すべての

大学教員のみならず，小学校から高校までのすべての先生方も同様であろう．

　そのような中で，筆者自身は，専門とする社会科授業構成法の工夫としてゲーミングに着目し，さしあたりは筆者の実践の場である大学で学生を対象にして実施してみた．そして驚いたことは，ゲーミング型授業においては，学生が寝ないどころではなく，学生の授業への参加度，本気度，おもしろがり度とでも言うべきものが，他の授業工夫のどれとも格段に違うのである．

　ゲーミングという教育手法に顕著な教育効果として，このような，学習者を学習対象とする事象・世界に入り込ませ，そこでの活動に没入させる効果をあげることができる．本章ではこれを，ゲーミングの**「巻き込み効果」**（involvement effect of gaming）と呼んでおきたい．

　では，なぜゲーミングがこれほどに学習者を学習に巻き込む効果を持つのであろうか．以下，本章では，この理由を考察してみたい．

2　外観主義から内部的で状況的な理解へ

　社会科教育において，ゲーミングの授業への導入を提唱した先駆的研究の1つとして，井門正美の「役割体験学習」の提唱がある（井門，2002／吉永，2015）．

　井門は，社会科教育，特に歴史教育において問題視すべき教育観として，「外部観察者の立場からの記述を絶対視する『**外観主義**』の立場」（井門，2002：19）の問題点を指摘する．

　「時間の流れの最先端（最新地点）である現時点から過去を眺望し，そこから現在に至る歴史過程を因果連関として秩序化し，さらに，発展段階として体系化するような歴史学の方法は，明らかに外部観察者のスタンスに立つ．（略）歴史教育は，こうした歴史学の影響を色濃く受けている」（井門，2002：19）．

　井門は，このような外観主義は歴史教育に限らず社会科教育全体を規定していると述べ，その結果「教育内容が言語化された定義的・説明的知識に偏すれば，教材や教具も言語化されたものだけとなる」（井門，2002：20）と指摘する．このような外観主義は，社会科に限るものではないであろうし，高校までに限ったものでもないであろう．大学教育においても，今日依然としてまったく主流の考え方であると言ってよい．

　井門の指摘の重要な点は，このような外観主義が教育の内容を規定するのみならず，教育の方法をも限定している点の指摘にある．学校が黒板と白墨，紙と鉛筆の世界と化し，言語中心主義の世界となった根本の原因が，対象世界を外在的・客観的に記述し理解することが学問であり学びである，という外観主義にあることは確実であると思われる．

　しばしば受験体制が，こうした学校教育の紙と鉛筆への偏重，言葉の暗記とペーパーテストへの閉塞の原因とされる．しかしこれは，近代における「公平で客観的な」能力評価と選抜の必要が，学問と学校を貫く外観主義と言語中心主義に絶好の親縁性と利用価値を見出し，学校教育体制に寄生したのであって，逆ではないと考えるべきである．

　このような現状に対して，井門は，「ある集団や組織のある地位や位置に学習者を位置付け役割を体験させる」(井門，2002)「役割体験学習」を提唱する．それによって，「役割という視点から捉えた社会事象の多様な意味付け」(井門，2002)の気付きや「役割行為による内部的で状況的な対象の理解を図る形態」(井門，2002)へと社会科の学習組織方法を転換しようという提案である．

　冒頭に紹介した「1630年代　幕府の選択」という歴史学習ゲームは，このような学習形態の提唱に呼応して開発したゲーミング型授業の１つである．

　歴史教科書における，「鎖国」該当箇所の記述は，ほとんどが，「外観」的，客観的記述であるか，たかだか江戸幕府を主語とした記述である．一方，本ゲームでは，幕府以外に２つの外国使節の役割を設定し，計３者が各者の利益をそれぞれ追求する役割を設定している．──これが「役割という視点から捉えた社会事象の多様な意味付け」に対応する．しかも，本ゲームのそれぞれのプレイヤーからは，他プレイヤーの意図や相手がつかんでいる情報は見えない設定となっている．このような状況下で，各プレイヤーは各者の状況認知と判断に基づき自国の利益を最大化すべく行動をとる (このゲームの場合，交渉を行う)．──これが「役割行為による内部的で状況的な対象の理解を図る」に対応するものである．

3　「対象」が「課題」に変化する

　上述のような外観主義的な教科書記述を規準とする限り，説明の工夫，板書の工夫，発問の工夫，教材・教具の工夫などさまざまな教育方法上の工夫を加えてみても，学習者を学習事象の世界へと巻き込むことには，おそらく一定の限界があるであろう．それは，学習者の足場と視点が，基本的に学習事象の外側に設定されているからである[2]．

　他方，ゲーミングでは，ある状況内の特定の立場に立つこと，その立場に立って目標追求すべき役割ないし責任を負うこと，相手と状況の見えなさの中で最善を尽くすこと，の3点が学習者に求められる．したがって，これら**①状況性と立場性**，**②役割性と責任性**，**③不確実性**というゲーミングの3つの要素が，学習者が学習事象の世界に入り込み，そこで懸命に考え行動せざるを得ない学習状況をつくりだすと考えられる．

　冒頭に見た筆者のゲーミングの事例で言えば，授業の始め，ゲームの前に「これから体験してもらうのは『鎖国』を学ぶ歴史教材の一例です」と告げられた段階では，歴史事象「鎖国」は，学習者にとっては学習の「対象」（object of study）である．ところが，ゲームが始まってみると，「鎖国」は学習者にとって，**学習の「対象」から，取り組むべき「課題」（subject of study）へと変化する**．すなわち，とくに幕府チームにとっては，後に鎖国と呼ばれるようになるような外交政策をとるべきなのか，それとも他によりよい選択がありうるのかを判断することが課題となるのである．そして，この時点に至ると，学習者は，「鎖国」についてかつて学んだ知識（object的知識）をよく記憶していようと，まったく忘れていようと，それは現下の課題（subject）の解決にとってほとんど問題ではないことに気付く．

　考えてみれば，subjectには「教科」という意味もある．社会「科」は，学習者が社会事象の外側に立ち，社会事象を学習の「対象」と考えている限り，教科としてのその使命を全うしていないと言うべきであろう．社会科とは，よりよい社会を自らつくり出していく次世代の民主社会形成者を育てるための教科だからである．

4 「自分オリジナル」をつくり出す楽しさ

上述した，学習の対象が学習の課題へと変化するということについては，筆者に次のような経験がある．

映画『タイタニック』が大ヒットしていた頃，保育園児だった筆者の息子がレゴバケツを持ってきて，タイタニックをつくってくれとせがんだ．四角いレゴで船をつくるのは難しいのだが，何だかそれらしいものをつくってやると息子は喜んで，数日眺めていた．ところがある日，彼はそれをバラバラにし始めた．せっかくつくった身としては内心面白くないのだが，黙って見ていると，彼は自分で自分なりの船をつくり始めたのである．

彼にとって父親が作った船は，はじめは感心して眺める対象であったようである．しかし，やがてそれは彼の中で，自分でもつくれる，自分でつくってみよう，という課題へと変化したと考えられる——まあ，幸か不幸か，そんな程度の作品であったわけだが．

しかし，学校の授業となれば，そこで学習者に手渡される「船」は，そんないい加減な作品ではない．すなわちそれは，社会科の場合ならば，教科書や黒板や参考書にびっしりと書き込まれ，かつ手際よく整理された歴史的・社会的諸事実や，それについての首尾一貫した説明である．学習者はそれを眺める．いや，眺めるだけではすまないのであって，それを正確に記憶し，テストで再現しなければならない．もちろん，これは必要で大切な学習である．問題なのは，学習者のほぼすべての学習時間と労力が，それに費やされ，それに尽きているところにある．そのような学習の連続の中では，学習者がその学習対象について，「自分でもつくれる，自分でつくってみよう」などとは夢にも思わないであろう．

ここに，ゲーミングを授業に導入する意義がある．

ゲーミング型授業において学習者に手渡されるのは，学習対象についての「完成品」ではなく，いわば「キット」である．それも，説明書に従って組み立てれば完成するようなものではなく，かなり部品のバラバラ度が高く，組み方が多様にあり，工夫と試行錯誤を要求するような——いわば「レゴバケツ」

のような――キットである．それをどのように組み立てるかは，基本的に，学習者の判断や選択に委ねられる．

　このことが，学習者の学習に取り組む態度を一変させると考えられる．

　冒頭で紹介した学生の感想の中には，「ゲームでは，自分たちが歴史上の人物になったかのように，自分たちが歴史を変えると思うとワクワクが止まりませんでした」というものがあった．この感想は，学習の対象，記憶の対象だと思っていた事実――この場合「鎖国」という歴史的事実――を，自分オリジナルなやり方でつくっていってよい，または，つくり変えてよいと気付いたうれしさを表現しているものと見ることができる．

　ゲーミングが学習者を巻き込む理由の4つ目として，このような，学習対象を④ **自分自身のやり方でつくり出す／つくり変える楽しさ**をあげることができる．

5 失敗できる自由

　何かを自分でつくる，つくり変えることができるということは，当然，うまくいかずに失敗する可能性をはらむ．しかし，このような，ゲーミングにおける失敗可能性は，むしろゲーミングが学習者を夢中にさせる理由の1つなのではないかと考えられる．

　この「失敗可能性」という言葉には，次の3つの意味がある．

　1つ目の意味は，ゲーミングにおいては，どうしても必ず勝敗や目標の未達成が発生しうるということである．2つ目の意味は，ゲーミングでの行動は実社会における現実の行動ではなく，ゲーミングでの失敗が実際的な害を生まないため，いわば安心して失敗できるということである．3つ目の意味は，授業において，学習者のゲーミング上の失敗が教師によって負の学習評価を受けないため，失敗を恐れる必要がないということである．学習者は，これらの意味で失敗可能であるからこそ，思い切ってさまざまな試行錯誤とリスクテーキングを行ってみることが可能となる．

　したがって，このような⑤ **失敗できる自由**は，学習者のゲーム世界への没入をいっそう積極的なものにする要素であると考えられる．

　このような失敗可能性，失敗できる自由は，外観主義的・客観主義的な，つまり何らかの正解があり，その正解を学ばせなければならない通常の授業では，どうしても十分には保障できなかったものである．前項でも引いた「ワクワクが止まりませんでした」という学生の感想は，通常の授業におけるそのような正解の制約から解き放たれた自由を実感していることの表現とみることもできる．

6　解釈と評価の自由

　しかし，ゲーミングにおいては，そこにおいて何が成功であり何が失敗であるかは，必ずしも自明ではない．

　もちろん，ゲームのルールにおいて，各プレイヤーが何をめざすべきであり，何が成功で何が失敗かは必ず明確に定義しておく必要がある．しかし，ゲームの結果として，あるチームのゲームルール上の得点や達成が振るわなかったとしても，そのチームの学習者が，あるいは他チームの学習者が，それを失敗と解釈あるいは評価するかどうかは，また別問題である．その判断は，学習者個々の視点や価値尺度の取り方によって変わってくる．同様に，ゲームのルールに照らせば成功であった結果についても，それに対して多様な解釈と評価が可能である．

　このような，学習活動の結果に対する学習者自身による自由で多様な解釈や評価は，通常の学習形態では（おそらく表現的，制作的な課題の授業など以外では）十分に保障することが難しいと思われる．通常の多くの授業においては，学習者の学習の達成と未達成に関する何らかの評価尺度が客観的に定立されている必要があるからである．したがって，これと対比的に，学習者がゲーミングに対して積極的で闊達な参加を見せる理由の6つ目として，ゲーミングにおける**⑥結果に対する解釈と評価の自由**という要素——すなわち，ゲーミングにおいては，そこでの活動についての自己評価権および相互評価権が学習者に保障されていること——をあげることができる．

　このような学習者のゲーム結果に対する自由な解釈や評価を，ゲーミングの教育効果の拡大・深化に生かさない手はない．したがって，ゲーム実施後，さ

まざまのゲーム結果が成功であったか失敗であったか，どの部分がどのような
意味で成功・失敗であったか，失敗であったとしてどうすればよりよかったの
か，などをめぐって学習者同士の議論を組織する話し合い，すなわちディブ
リーフィングのステップを設けることが極めて重要であり有益である．

　このような意味で，**「ゲーミング」**とは，**ゲーム本体とディブリーフィング
を共に含んだ教育の過程**（あるいは課程）として理解し，構想すべきである．

　冒頭で紹介した筆者の「鎖国」ゲーミングに対する学生の感想には，次のよ
うなものもあった．

　　○「残念ながら私たちのスペイン・ポルトガルチームは全敗でしたが，グ
　　　ループによって交渉の結果や過程に個性が見られました．この学習を深
　　　めていくことでスペイン・ポルトガルチームにも勝利が見えてくるので
　　　はないかと思いました」．

　今回のゲーミングでは，ゲームグループを4つ設定し，それぞれのグループ
内で個別に3チームによる交渉を行わせている．このゲームでは，カトリック
布教を国是とするスペイン・ポルトガルはオランダに対して最初から不利な立
場にある．ゲームの結果としても，4グループすべてでスペイン・ポルトガル
チームは幕府との外交関係樹立に失敗する．しかし，幕府へのアプローチには
グループごとにそれぞれの工夫と個性があったことが，ゲーム後のディブリー
フィングの中で明らかとなった．この学生の感想は，これを踏まえて出てきた
ものである．この学生は，スペイン・ポルトガルチームの失敗にも個々に個性
があったことに気付き，この個々の事例を比較し考察していけば勝機が見える
のではないかと指摘しているわけである．

　正直に言えば，筆者の今回実施のゲーミングにおけるディブリーフィングは，
時間の関係もあって各グループの経過と結果の発表と交流に留まるものであっ
た．しかし，この感想に接して筆者としては，ディブリーフィングでの議論を
より深める可能性とその必要性があったことに気付かされた．

7 「神」不在のリアリティ

　考えてみれば，我々が生きる現実の社会や歴史の外部に，何が成功で何が失敗かを判然と判定する神のごとき至高の知性が君臨しているわけではない．つまり，我々は，現実社会においては常にその内部に「巻き込まれ」て生きているのであり，そこでの我々の選択と行動は，多くの人々のさまざまな解釈や評価にさらされている．また何より自分自身が，自己の行動について評価し，必要とあらばそれを修正していかねばならない．

　したがって，教科書や教師が「外観」的，客観的に正解を告げる通常の教室環境と，学習者が学習対象の世界内に入り込み，試行錯誤し，かつその判断や行動の成功・失敗の解釈と評価を自分たちでとらえ直すことができる（あるいは，自分たちでとらえ直すしかない）ゲーミング[3]とでは，明らかに後者の方が現実世界に近いところにあると言える．ゲーミング教材の持つ，実際の人間世界の諸活動に近いこのような現実味が，ゲーミングに対して学習者が感じる魅力をいっそう増進する要素となっていると考えることができる．すなわち，ゲーミングが学習者に巻き込み効果を発揮する理由の7つ目として，この⑦ **超越者不在のリアリティ** とでもいうべき要素をあげることができる．

　筆者のゲーミング授業への学生の感想には，次のようなものもあった．ゲーミングを含む「出力型授業」一般を成立させる要件についての考察を求めた問いへの答えである．

> ○例えばディベートを行うにしても，生徒だけでするのではなく，先生も一緒に参加し一緒に考えることではじめて出力型授業の意味を成すのではないかと考える．

　この意見を，教師もゲーミングにプレイヤーとして参加すべきだという意見としてとるなら，それにはいろいろな意味で無理がある．しかし，この意見に接して，筆者自身，今回の授業をゲーミングと称しながら，どこか高みから「外観」するような授業態度が感じられたかもしれないと思われた．この学生は直観的に，ゲーミングにおける「神の不在」とでもいうべき本質をつかん

でいると思われる.

注

1）本ゲーミング教材は，神戸大学発達科学部人間形成学科・橋本大資による 2017 年度卒業研究「『鎖国』をどう教えるか――幕府の対外政策決定を体験するロールプレイ型授業の開発を通して――」の一環として，橋本と筆者が共同開発したものである.

2）ただし，だからこそ，教科書に基づきながらも，学習者と学習事象とをつなぐ教材や発問の工夫が重要となる. 例えば社会科では，学習事象である「働く人」や歴史人物などが直面する（直面した）状況についての情報を提示し，その心情に共感したり，その判断を追体験させたりする手法が開発・実践され蓄積されてきた（例えば安井俊夫（1982）『子どもが動く社会科』地歴社，などを参照）. しかし今日からみると，このような手法は，ゲーミングの技法の授業への部分的導入と意味付けることもできる. むしろ，このようなゲーミングの技法の授業への部分的導入（いわば**「ワンポイントゲーミング」**）の手法は，小学校から大学の各授業において，これから研究・開発されていくべき領域である.

3）近年は，学力を自己評価能力としてとらえ，学力観・学習観を根本的に再構成する学習論・評価論が提唱されている（例えば，松下（2016））. ゲーミングの学習効果に関しても，知識獲得・技能形成や学習意欲形成といった従来の観点に留まらない，評価観点と評価方法の抜本的な再検討が必要な時期に来ていると思われる.

参考文献

井門正美（2002）『社会科における役割体験学習の構想』KSK 出版.

松下佳代（2016）「アクティブラーニングをどう評価するか」溝上慎一監修，松下佳代・石井英真編『アクティブラーニングが未来を創る　第3巻　アクティブラーニングの評価』東信堂.

吉永潤（2015）『社会科は「不確実性」で活性化する――未来を開くコミュニケーション型授業の提案――』東信堂.

II

ゲーミングを通じて学ぶ
──実践事例とその構造──

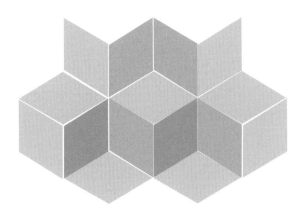

第2章
歴史ゲーミング教材「1630年代　幕府の選択」の構成と実施例

吉永　潤

1　はじめに

　本章では，第1章でも取り上げた「1630年代　幕府の選択」と題する歴史ゲーミング教材を事例とし，その構成を説明するとともに，実際のゲーム過程を追ってみたい．

　本ゲーミング教材による授業は，現時点で2回実施している．1回目は筆者の勤務大学の社会科教育法の授業において，2回目は筆者の非常勤勤務の大学での教育方法に関する授業においてである．したがって，現時点での学習者はすべて教職志望の大学生であり，小中高の学校現場での実施には至っていない点をお断りしておきたい．

　第1章で紹介したゲームの様子と授業感想は，上記の第2回目の実施時のものであるが，本章では，勤務校で行った第1回目の実施の模様を紹介する．勤務校ではゲーム実施時の記録を取得できたためである．

2　ゲーミングの教育目標と内容構成

　歴史ゲーミング教材「1630年代　幕府の選択」は，次の3点を教育目標として設計した．

　①「鎖国」成立期の日本とそれを取り巻く国際状況について，日本一国に限定されない多角的な視点を持たせる．②その国際状況の中で，江戸幕府が宗教と政治に関してどのような最終判断を下し，どのような対外関係を選択するかについて，その政策意思形成過程を体験させる．③以上を通じて，宗教と

政治に関わる問題状況——とくに今日の国際社会の状況——に対する理解力と判断力の基礎を形成する.

　このうち，まず①，すなわち 1630 年代の日本が置かれた状況について多角的視点を持たせるために，このゲームでは，「幕府チーム」に加えて，「スペイン・ポルトガルチーム」，「オランダチーム」という計 3 つのチームを設定した.スペイン・ポルトガルチームとオランダチームは，それぞれ幕府チームと外交・通商関係を樹立すべく交渉し，幕府との友好関係獲得をめぐって競い合う.ゲームの最後には，幕府チームが，他のチームそれぞれと外交・通商関係を持つ／持たないに関して決断を行い，最終通告を行う.

　ゲームの状況設定は，大体において 1630 年代の国際状況を踏まえたものとしている.唯一，史実と明確に異なるのは，1624 年において幕府はすでにスペインとは断交の状況にある点である.しかし，このゲームでは，学習者に，幕府の宗教に関する政策意思形成の体験を持たせる（前述の目標②）ために，宗教と貿易に関する二律背反的状況を強く維持して幕府の意思決定の難度を上げる必要がある.もし幕府の交渉相手が，貿易利益のために比較的容易に布教を取り下げる提案するようでは，この②のねらいが曖昧になってしまうこととなる.このため，カトリック布教に関して歴史的に全く妥協がなかったスペインに「頑張ってもらう」ことが是非必要と判断した.史実としても，1630 年代においては，依然としてスペイン王がポルトガル王を兼ねる同君連合であった点を考慮し，スペイン・ポルトガル両国を 1 つのチームとしてまとめる設定とした.

　ゲームにおいて，スペイン・ポルトガル，オランダ，江戸幕府の各チームは，それぞれ基本的に次のような目的意識やその優先順位を持っている.

- スペイン・ポルトガルチーム：
    - ① カトリックの布教によって日本をキリスト教国とする.
    - ② 日本との貿易によって利益を得る.
- オランダチーム：
    - ① スペイン・ポルトガルを排除し，日本との専属的な貿易関係を結ぶ.

② 日本に，カトリックであれプロテスタントであれ，キリスト教の
布教を行う意思はない．

● 幕府チーム：

① キリスト教の布教はあってはならない．

② 貿易利益を追求するが，その利益は幕府が独占し，諸大名に貿易
利益がもたらされることはあってはならない．

　したがって，宗教をめぐっては，幕府とオランダとの「マッチング」は最初
から良好で，逆にスペイン・ポルトガルとは真正面から対立した利害関係と
なっている．しかし，スペイン・ポルトガルは，大航海時代の植民地獲得を通
じて「日が沈まない」世界帝国を樹立しており，この両国と貿易関係を持つこ
とは輸出入ともに大きな利益を期待できる．のみならず，軍事面でも味方にす
れば心強く，敵に回すと恐ろしい存在である．

　他方，オランダは，16世紀末から世界進出を試み始めた新興国であるため，
オランダとの貿易関係で幕府が得られる利益は未知数の部分が大きい．しかし
この時期オランダは，中継貿易の利益が増進し，製造業の技術が高く，また新
しい学問や芸術が大きく発展している伸び盛りの国である．一方で，オランダ
はこの時期スペインの統治下という地位にあり，スペインとは独立戦争を戦っ
ている．このため，将来オランダがこの戦争に敗れれば，幕府がオランダと外
交関係を持つことの意義は大きく損なわれると予想される．

　ゲームの途中では，サプライズイベントとして，島原の乱の勃発が全員に知
らされる．この事件によって，基本的に劣勢であったスペイン・ポルトガル
チームは，さらに劣勢に立つこととなる．しかし一方で，幕府チームはオラン
ダチームに対して反乱の鎮圧のための軍艦派遣の要請を行う（これは史実であり，
オランダはこの要請に応じて軍艦派遣を行い，反乱勢が立てこもる原城への艦砲射撃を敢行
している）．ゲームにおいては，この幕府の要請をめぐってオランダチームにも
迷いが生じると予想される．

3　人数と座席配置

　授業におけるゲーミング実施の実際に関しては，次のような構成としている.

　プレイヤーの人数は，スペイン・ポルトガル，オランダおよび幕府の各チームにそれぞれ3名程度の学習者を配した上で，この3チーム約9名を1つのゲームグループとする. したがって，通常の学級規模ならば，ゲームグループが4つほど構成されることとなる.

　各ゲームグループはそれぞれ独立に，3チーム間の話し合い・交渉を進める（後に説明する「フリートーク」ステージを除く）.

　座席配置は，同じゲームグループのスペイン・ポルトガルチーム，オランダチームおよび幕府チームを，縦一列，あるいは横一列に配置する. その際，いずれにしても幕府チームを中央とする. スペイン・ポルトガルチームとオランダチームがそれぞれ幕府チームのテーブルを訪れ，交渉を行うためである.

4　ゲーミングの進行

　ゲーミング全体に要する時間は，導入説明，ゲーム本体，ゲーム後のディブリーフィングを含めて約90分であり，大学授業で1時間分，小中高の授業では2校時分となる. ゲーミングの進行，所要時間と，各ステージにおける留意点は次のようなものである.

① 導入説明

　PCスライド（各プレイヤーの手元にもハンドアウト版を配布）によって，ゲームが開始される17世紀初めごろの日本と世界の様子，および，ゲーム内容と深くかかわる宗教的事項について説明を行う──約15分.

② 第1回作戦会議

　ここからゲーム開始. スペイン・ポルトガル，オランダ，幕府のチームごとに，目標を指示した「指令書1」を配布する（「指令書」は2段階あり，この最初のステップのものは「指令書1」と呼称する）. 指令書，および説明スライドのハンド

アウトをもとに，各チーム内で相談させ，状況理解とチームの目標理解を図らせるとともに，とくにスペイン・ポルトガル，オランダ各チームは，交渉のための作戦を立てさせる――6分．

③ 第 1 回交渉

スペイン・ポルトガル，オランダの各々が順に幕府の席を訪れ，友好関係を結ぶべく交渉を行う．交渉順は，話し合って決めさせる．各チームの交渉時間は 4 分．計 8 分．

④ フリートーク

この場にいる誰とでも話をしてよい．自分のゲームグループの他チームとのアンダーテーブルな交渉や，他のゲームグループの同国チームとの情報交換なども可能――3分．

⑤「速報」配布

フリートークタイム終了後，各グループが席に戻ったところで，サプライズイベントとして「速報」を全チームに配布する．内容は，「島原の乱」の勃発を伝えるもの．

⑥ 第 2 回作戦会議

スペイン・ポルトガル，オランダ，幕府のチームごとに「指令書 2」を配布する（指令内容は，島原の乱の勃発を踏まえたものとなっている）．次の交渉が最後となることを告げた上で，各チームに作戦会議を行わせる――5分．

⑦ 第 2 回交渉

このステージは，2 つの構成方法がある．

A タイプ：第 1 回交渉と同じく，スペイン・ポルトガル，オランダ各々が幕府の席を訪れ，友好関係を結ぶべく交渉を行う．各チームの交渉時間は 4 分．計 8 分．

B タイプ：第 1 回交渉と異なり，幕府席にスペイン・ポルトガル，オランダの両チームが訪れ，3 チーム合同で話し合いを行う．時間は全体で 5 分．

（筆者の実践では，勤務校での第 1 回目の実施においては A タイプ，非常勤校での第 2 回目の実施においては B タイプで実施した．）

⑧ 幕府相談

幕府チームに最終決定を相談させる――3分．

⑨ **幕府による正式通告**

　幕府チームの最終決定を発表する．これでゲーム終了となる．ゲームグループの数だけの幕府発表があるため，数分を要する．

⑩ **史実の紹介**

　PC スライドで，「鎖国」に至る実際の史実を簡単に紹介する．

⑪ **ディブリーフィング**

　さまざまな構成方法が考えられるが，最低限，ゲームグループごとに幕府チームの決定の理由を述べさせ，同じグループの他の各チームそれぞれの感想（勝因や敗因など）を簡潔に発表させたい．教師は発表内容を適宜板書，整理する．その内容をもとに，教師が何らかの考察課題を設定し，学習者の意見や発見の交流を組織できればベターである．例えば，「実際の史実がそのようになった理由は何だろうか」，「スペイン・ポルトガルがより柔軟な（政教分離的な）アプローチを取りえたか否か，取りえなかったとしたらそれはなぜか」，「現代の諸国家が異質な宗教に対応する際に，『鎖国』以外のどのような対応方法が考えられるだろうか」などの課題設定が考えられる──約 20 分．

　以上，導入説明およびディブリーフィングを除くゲーム本体の所要時間は40 分程度の予定で設計した．ただし，実際の実施においては，諸事情からゲーム本体に約 50 分，導入説明を含めて約 70 分を要し，ディブリーフィングは 15 分程度の時間確保となった．

5 　導入説明の内容構成

　授業の冒頭でゲームに先立って行う導入説明では，以下のような 25 枚のPC スライドを用いた．同時に，そのハンドアウト版を事前に各学習者に配布した．ただし，スライドで用いた画像は，著作権の関係から本章で掲げることができないため，以下では言葉によって説明する（以下の丸番号はスライドの番号）．

　① ゲーミング教材のタイトル「1630 年代　幕府の選択」と表示．

②神父の画像，および③牧師の画像を表示．スライド④⑤では，これらに「神父（カトリック）」，「牧師（プロテスタント）」の文字を表示．そして，両者はどう違うのだろうかと問いかけ，次に進む．

⑥
> **キリスト教**
> ・**カトリック**──教会の教えを信じることで救われる．
> ・**プロテスタント**──信仰の対象は聖書の言葉．
> カトリックへの批判→**宗教改革**→プロテスタントの発生

以上を表示し，きわめて簡単に教義の違いを説明したのち，宗教改革につき，やはり簡単に説明する．1630年代には両派が対立していたことを理解させる．関連して，⑦「**キリスト教の主要諸派の発生**」と題する一種の樹系図を表示．
⑧「**日本とキリスト教**」と表示し，次いで⑨フランシスコ・ザビエルの画像を表示．

⑩
> **1549年**
> ・イエズス会のスペイン人（バスク人）フランシスコ・ザビエルが鹿児島に上陸し，日本で**キリスト教（カトリック）の布教**を始めた．
> ・火薬や鉄砲などの**西洋の品物が伝来**．

以上の3枚で，日本へのキリスト教の伝来を簡単に説明する．これらによって，スペイン・ポルトガルの日本へのキリスト教布教の情熱を理解させる．また，日本と西洋との出会いが，キリスト教受容と同時に火薬・鉄砲などの貿易利益を伴っていたことをも説明し，幕府が直面するキリスト教禁教と貿易利益とのジレンマを理解させる伏線とする．
⑪「**キリシタンの増加**」を示す棒グラフを表示する．

グラフは，当初6000人程度であった日本のキリスト教信者が急激に増加し，1614年段階では37万人に達していたことを示す（当時の推定人口は1200万～1900万人）．
⑫「**なぜ，ザビエルは日本に来ることができたか**」と表示．

⑬
> **スペイン・ポルトガル**
> ・**大航海時代**（15世紀半ば～17世紀半ば）
> スペイン・ポルトガルが世界を支配． 「無敵艦隊」「太陽の沈まぬ国」

上記表示の下部には，16世紀末における両国それぞれの広範な支配範囲と，大

西洋およびインド洋から東アジアに至る両国の主要航路を示す世界地図を掲示し，当時におけるスペイン・ポルトガルの圧倒的な勢力，軍事力を理解させる．

⑭ | フェリペ2世　スペイン国王＆ポルトガル国王
キリスト教（カトリック）の布教＆貿易→**日本**にも

スペイン・ポルトガル両国が同君連合を組んでおり，両国が一体となって，カトリック布教と貿易利益を不可分のものとして追求していたことを説明する．

⑮ | 豊臣秀吉（秀吉の画像）
・はじめはキリスト教の布教を認めていた．→**キリスト教に恐れ**
　→**バテレン追放令**（1587年）──キリスト教は邪悪な宗教として，宣教師を日本から追放．
・しかし，**南蛮（スペイン・ポルトガル）貿易**は奨励．
　→貿易とキリスト教の布教活動が一体化していたため**キリスト教の取り締まりは不徹底**．

豊臣秀吉の禁教政策と貿易奨励の齟齬を指摘する．この問題は結局，江戸幕府に引き継がれ，1630年代のこのゲームにおいて，幕府が最終解決を行うべき課題となっていることを理解させる．

⑯ | 徳川家康（家康の画像）
・オランダ船リーフデ号が漂着（1600年）→新たに**オランダ**とも貿易．

⑰ | 徳川家康（家康の画像）
・引き続き**スペイン・ポルトガル**とも積極的に貿易．
・**キリスト教は禁止するが，平和的な貿易は奨励する**．

家康は，カトリック国との関係を維持しつつ，他のヨーロッパ国家との関係形成を模索し始めたことを説明する．キリスト教政策は，秀吉の政策と大差はないことも説明する．

⑱ オランダの地図（ヨーロッパにおける位置と拡大図）を表示

⑲ | オランダ
・**海運**が盛んな国
　→利潤を求める**カルヴァン派**（プロテスタントのうちの1つ）が多数．
　→その他にも**オランダ**には多くの宗教が共存．

> 　　→宗教同士のいがみ合いは商業の邪魔.
> ・スペインの支配下
> 　スペインによる ① **重税政策**，② **カトリックの強制**など. →**独立戦争**
> 　（1568年〜1648年）

⑳
> **オランダ**
> ・スペインがポルトガルを併合（1580年）→ポルトガルを介したアジア物産の入手困難.
> 　　→スペイン・ポルトガルに対抗する新たな通商ルートの開拓.
> ・1602年**東インド会社**（貿易会社）設立.
> 　　→国ぐるみで**アジア進出**. →**日本にも**

　以上の数枚でオランダの状況を説明する. 国土の狭いオランダは海運, 通商によって国を成り立たせるしかなく, 日本との通商関係の確立はきわめて重要な課題であること, 宗教的にはカルヴァン派プロテスタントが多数派だが, それ以外にも多様な教派, 宗教の信者が存在していること, 宗教の違いで対立することはビジネスの邪魔にしかならないため, 異なった宗教の「共存」（「寛容」）の考え方が広がっていること, 現状ではスペイン統治下にあって搾取と宗教的圧政のもとに置かれており, スペインとの独立戦争を戦っている状況にあることを説明する.

㉑「幕府はなぜキリスト教を禁止するのか？」と表示.

㉒
> **キリスト教と日本**
> 　キリシタン大名の危険
> 　　　→かつて海外と貿易した九州のキリシタン大名などが, 貿易の利益で力をつけた.
> 　　　→もしキリシタン大名がスペイン・ポルトガルの味方となれば, 日本が侵略される可能性もある.

㉓
> **キリスト教と日本**
> 　豊臣秀吉の時代から江戸幕府まで代々抱えてきた問題
> ・このままキリスト教の国々と貿易を続けてよいものか.
> 　　　　　　　**キリスト教禁止？　　貿易利益？**

㉔
> **キリスト教と日本**
> ・キリスト教国であるスペイン・ポルトガル, オランダと貿易を継続し,

> 友好関係を結ぶかどうか幕府は選択しなければならない.
>
> 　　基本的に幕府には,
>
> 　　　① スペイン・ポルトガル×　　　オランダ×
>
> 　　　② スペイン・ポルトガル○　　　オランダ×
>
> 　　　③ スペイン・ポルトガル×　　　オランダ○
>
> 　　　④ スペイン・ポルトガル○　　　オランダ○
>
> 　　　　　　　　　　　　　　　　の4つの選択肢がある.
>
> 　　　　　　　　　　さて, あなたならどうする?

　この数枚によって, 学習者がゲームで取り組むべき基本的課題を整理して示す.

㉕ このゲームの進行タイムスケジュールを表示する. 前述したため内容は略す.

6　「指令書」の内容構成

　指令書とは, 各チームにチームの目的, 課題や交渉の方略を教示するためのもので, 外交訓令の形で伝えられる. ゲーム開始時, 第1回作戦会議の冒頭に各チームに配布される「指令書1」3種類と, 第2回作戦会議の冒頭に各チームに配布される「指令書2」3種類の計6種類がある. 以下, その内容を示す.

　また, 第2回作戦会議の直前に配布する「速報」(島原の乱勃発を知らせる文書)を, 指令書2の前に示す.

① 指令書1：スペイン・ポルトガルチーム用

> ~スペイン・ポルトガル国　日本担当特使への指令書~
>
> 　時は1630年代. 我々は「黄金の国ジパング(日本)」と友好関係を結びたいと考えている. 支配下にあったオランダが独立戦争を起こしたことや, 我々が信じるキリスト教カトリックの教えとは異なるキリスト教プロテスタント派が台頭し, 世界に植民地を持つ我々の世界的地位も危ぶまれてきた. そこで, 日本と友好関係を結び, 日本にキリスト教カトリックの教えを布教して信者をいっそう増やすとともに, あわせて日本との貿易によって大きな利益を獲得したいと考える.

あなた方のミッションは次の通りだ.

① 日本にキリスト教カトリックの教えをますます布教し, 日本をカトリックのキリスト教国とする.

② 日本との貿易を成立させ, 利益を得る.

この地球に神の栄光を広げることが我々の使命であるので, 最も重要なのは①である. しかし, ②も成し遂げてほしい. その際, 必要であれば我々の海軍軍事力の力を日本に思い出させ, 脅してもよい.

我々のセールスポイントは, 大きく次の 2 点がある.

① 日本も, 神のご加護のもとで世界を支配するキリスト教国の一国となることができる.

② 日本は, 世界に広がる我々の支配地域との貿易で, 大きな利益を得ることができる.

反対に, ライバル国オランダの弱みは, 大きく次の 2 点がある.

① オランダは, 最近力をつけてきたが, 発展途上であり, 今後が未知数である. 我々に対して起こした独立戦争など, やがて簡単に鎮圧される.

② オランダには, キリスト教カトリック以外にも多くの宗教が存在する. オランダ人は, 自らが信じる宗教とは異なる宗教を信じる人も認めるという, 我々にとってはまったく信じがたい, キリスト教をけがす行為を許している.

これらをもとに, 日本との友好関係を結び, 日本におけるキリスト教の布教を必ず成功させよ. キリスト教の未来と我々の繁栄は, あなた方の奮闘にかかっている. あなた方に神の祝福があらんことを.

② 指令書 1 ：オランダチーム用

～オランダ国　日本担当特使への指令書～

時は 1630 年代, 我が国は新たな貿易相手国として, 日本と友好関係を結びたいと思っている. 国土の狭い我が国は貿易によって発展するしかない. 日本との貿易によって得られる大きな利益は, 我が国の発展に不可欠である. 噂によると, スペイン・ポルトガルも, 金・銀などが豊かな日本

との貿易を求めて，日本を訪れているそうだ．この両国に絶対負けてはならない．この両国を排除し，日本との貿易の利益を独占したいと考えている．

　あなた方のミッションは次の通りだ．

① 日本は我が国とだけ貿易を行うという，いわゆる専属契約を獲得する．

② どんな形であれ日本との貿易を行う．

　このうち絶対に成し遂げてほしいのは②である．しかし，ぜひ①を実現してもらいたい．

　我が国のセールスポイントは，大きく次の2点がある．

① 我が国には多様な宗教の信者が存在し，何を信じるかは個人の自由としている．そのため，スペイン・ポルトガルと異なり，布教を伴わない貿易が可能である．

② 毛織物や薬品など，我が国の品質の高い工業製品や，新しい学問や芸術など，ヨーロッパ最先端の品物や技術，文化が手に入る．

　反対に，ライバル国スペイン・ポルトガルの弱みは，大きく次の2点がある．

① スペイン・ポルトガルは，過去にキリスト教カトリックの布教により信者を増やすことでその国を支配し，さらには，キリスト教を信じない人々や国々を滅亡させたことがある．

② 日本には，かつてスペイン・ポルトガルが布教したキリスト教カトリックを信仰する人々が多く存在すると聞く．万が一，その人々がスペイン・ポルトガルと手を組めば，幕府にとって恐るべき脅威となる．

　これらをもとに，必ず日本との友好関係を結ぶことに成功してほしい．我が国の発展は，あなた方の奮闘にかかっている．

③ 指令書1：幕府チーム用

～江戸幕府　外交担当員への指令書～

　時は1630年代，スペイン・ポルトガルとオランダのそれぞれの外交特使が我が国を訪れている．どうやら我が国と友好関係を結びたいらしい．

外国と関わることは，我が国にとって良い効果をもたらすことも多いが，その反面危険も伴う．我が国が，今後海外の国々とどうかかわっていくかについて，あなた方に判断してもらいたい．

　あなた方のミッションは次の通りだ．

① キリスト教の布教を防ぐ．

② 貿易の利益は幕府が独占する．

　友好関係を結ぶ場合には，この2点を相手方に同意させなければならない．

　①と②をめざす根拠は，次のとおりである．

① キリスト教信者が幕府に反抗することがあってはならない．とくに大名がキリスト教を信仰して反乱を起こすことは避けなければならない．キリスト教信者の一揆や反乱が起きれば，それは戦国時代への逆戻りを意味する．

② とくに大名が，貿易によって富を蓄積し軍事力を強化するという，幕府への反乱の原因をつくってはならない．

　この①と②をよく理解した上で，外国との話し合いを行ってもらいたい．

　あなた方が，我が国の現在・未来に最適だと思われる友好関係を，よく吟味して選んでいただきたい．幕府の安泰と人々の幸せは，あなた方の選択にかかっている．

④ 速報

速報　島原の乱　勃発！

　島原藩の領民が，キリシタンの天草四郎時貞を先頭に立てて反乱を起こした．島原藩の重税に加え，幕府のキリシタン禁止が原因とみられる．

　天草四郎の率いる軍は，島原の城に立てこもって徹底抗戦を続けている．反乱地域は広がる気配を見せている．幕府は鎮圧に苦戦している．

---

⑤指令書２：スペイン・ポルトガルチーム用

～スペイン・ポルトガル国　日本担当特使への指令書～

　島原の乱が勃発し，我々が日本と友好関係を結ぶことやキリスト教の日本への布教に対し，逆風が吹いた．しかし，次のようなとらえ方もできる．

　「幕府がキリスト教を厳しく弾圧してしまうからこのような反乱が起こるのである．幕府がキリスト教を認めると，キリスト教の信者も幕府に従い，日本国内の平和を生み出すことが可能である」

というように，うまく幕府を説得できれば，この事件をキリスト教布教のチャンスとすることができるだろう．この他にも，この機会に幕府を我々の味方とする方法があるかもしれない．

　また，幕府が島原の乱の鎮圧のため，オランダに対して軍艦派遣の要請を行ったという噂が我々のもとに届いた．もし，オランダが軍艦派遣を行うと，オランダはキリスト教の弾圧に手を貸した悪魔のような存在となり，キリスト教を信仰するヨーロッパ諸国は決してオランダを許さないであろう．

　幕府をうまく説得し，キリスト教の布教と友好関係を結ぶことを何とかして成し遂げてほしい．

⑥指令書２：オランダチーム用

～オランダ国　日本担当特使への指令書～

　島原の乱が勃発し，我が国は幕府から軍艦派遣の要請を受けた．我が国が反乱の鎮圧に全面的に協力するかどうか，あなた方が決断してほしい．鎮圧に協力する場合，島原の多くのキリスト教徒に対して我が国の軍艦が砲撃を行うことになる可能性も十分にある．しかし，これは，幕府から信頼を得る千載一遇のチャンスである．

　この事件を機に，幕府の信頼を獲得し，幕府と友好関係を結ぶことを必ず成功させてほしい．

⑦指令書2：幕府チーム用

~江戸幕府　外交担当員への指令書~

　島原の乱が勃発し，恐れていたことが現実となった．キリスト教徒の反乱を受け，キリスト教は認められないという我々の考えはいっそう強まった．しかし，海外との貿易は行う必要がある．

　幕府としては，キリスト教布教の危険性が低いオランダに対して，島原の乱鎮圧のため軍艦派遣の要請を行った．何としてでも島原の乱を鎮圧し，幕府の権威を保ち，国内の平和を回復しなければならない．

　軍艦派遣の要請を受けたオランダの対応，また，島原の乱に対するスペイン・ポルトガルの姿勢や対応をよく踏まえ，これらの国と友好関係を結ぶかどうかについて，あなた方が決定してほしい．

7　ゲーム「実況中継」

　では，実際に筆者の勤務校で行ったゲーミングの様子を紹介したい．4つのゲームグループの中から1つを選び，その交渉の進展を追ってみよう．

① 第1回作戦会議
　各チーム，指令書1を見ながら交渉方針を話し合う．

【スペイン・ポルトガルチーム】

　冒頭，「説得か脅すかどっちで行きますか？」「説得やろ．脅されて友好関係結ぼうとは思わへん」とのやりとりの結果，幕府の利益を説く説得を基本方針とすることとなる．そこで，「他の国から攻められたら，守ってあげるよ」「貿易したら利益あるし」などの説得案を出し合う．

　しかし，途中で「オランダのようにいろいろな宗教認めることは，スペイン・ポルトガルにとっては許されへんのか」との発言が出る．どう説得案を考えても布教ミッションが足かせになる，と感じての発言であろう．しかし，こ

の点の検討は深まらず，結局，次のような説得を幕府に行うという方針が決まる．「うちと貿易したら利益得られて，その上でカトリックの布教許してくれたらキリスト教国の一員になって世界で権力持てるよ」「幕府のバックにつくよ，そうしたら地方のキリシタン大名を恐れる必要もなくなる」．

【オランダチーム】

「あいつら（スペイン・ポルトガル）蹴落として貿易を勝ち取れば……」「万々歳やな」との強気発言の一方で，「でもあっちの方が植民地も多いし，経済力は強いし，オランダなんかと（貿易を）やるよりも……」「（オランダは）海運は強いけど軍隊は弱いよな」と，自国の不利な面を懸念する声も出る．

そこで，「物流系は強い．欲しいもの持って来れますよって言う」「（しかも）安く」という自国の強みが確認される．さらに，「宗教に寛容だから布教しようとは思ってませんよ」「スペイン・ポルトガルは他国にカトリックを広めてから侵略して潰してきたから，このまま貿易するのは危険ですよって言おう」と，宗教面での自国の強みと相手方の危険性をアピールし，「江戸幕府さん，うちと単独でいきませんか」と呼びかけようとの基本方針が固まってくる．

しかし，「でもスペインやばい（軍事的に手ごわい）やん」との懸念も出される．もしスペイン・ポルトガルが軍事力を前面に押し出してきた場合，幕府，オランダ共にこれに屈するしかなくなるとの不安が残っている．

【幕府チーム】

「キリスト教布教ってどうなんやろ（どのくらいの優先課題なのだろう）」「友好関係結ぶことが目的なん？」「友好関係結ぶことが目標やし，利益を得たいことも目標やし」と，冒頭でまず相手国の意図を推測することにしばらく時間を使っている．しかし，確たる見解には達しない．一方で，自分たち幕府の立場について，「でも布教は（許可）したくない．（一方，外国に）攻められたくない」という確認を行っている．布教や交流を拒否したことを口実として外国から攻められることは避けなければならない，ということである．

そこで，「条件付けたらいいと思う」「幕府と外国がじかにそこの港だけ，地方を介さずに」「なるほど，東京湾とか」という案が出される．外国との交流・交易は拒否しないが，一方で，貿易利益を地方の大名に供与せず幕府が独

占するためには交易港を限定するのがよいという発案である．布教に関してコントロールが効くという意図も含まれているであろう．史実における平戸や長崎出島での限定的交易と同じ発想である．

　しかし，やはり両国の意図が読めない不安が頭をもたげるようで，「両国は何で来たいん？」「貿易したいん？　布教のついでに貿易したいって来てるん？」との発言も出る．

　最終的には，「地方に攻められるより外国に攻められる方が怖いやん．友好関係続けたい」「場所は東京湾」という発言が出され，相手の意図がどうであるにせよ外国との交流それ自体は拒否しない，交流の場所は限定する，との方針となる．

② 第1回交渉
【オランダチーム―幕府チーム】
　オランダは，「布教のために貿易したいのではないんで，安心してほしい」「僕たちは海運が強くて，毛織物や薬品，学問，芸術も安く持ってきますよ．時代の最先端ですね」と売り込み攻勢をかけ，「日本からのご要望ないですか」と幕府のオーダーを取ろうとする．

　しかし，幕府は，相手の意図を読めない不安が解消されないため，オランダの売り込みには乗らず，「日本と貿易をめっちゃ（非常に）したいのか．しかたなくしたいのか」と質問する．オランダは，「めっちゃしたいです」「ウインウインみたいな感じで」「日本産のものをヨーロッパに持って帰って，日本の株も上がる」とひたすら交易の利益を説く．

　オランダには，幕府が，対外・対内的安全保障面で抱える不安がまったく見えていないようである．

【スペイン・ポルトガルチーム―幕府チーム】
　スペイン・ポルトガルは「うちと交易してくれたら，世界中の商品を持ってきて，必ず利益をもたらします」．「キリスト教国の一員になれるから，権力を持つことができます」．「攻められても守ってあげるよ」と，多面的に利益を説いている．

　この最後の発言に幕府が反応し，「守ってくれるんか」と問う．幕府の不安は一貫して安全保障面にある．スペイン・ポルトガルは，当然という感じでうなずいたあと「カトリックの布教を認めてくれたら，幕府のバックに立って，幕府がさらに力を持てますよ」とたたみかける．カトリックを認めることが幕府の安定につながる，という論理構築である．

　幕府が，「スペイン・ポルトガルは，貿易をめっちゃしたいですか．日本の商品ほしいですか」と問うと，スペイン・ポルトガルは「ほしい」と答える．ここで幕府は最重要質問をする．「布教が第１目的で，いちおう貿易でも利益上げたいって感じですか？」．スペイン・ポルトガルは巧妙に「どっちも重要」と答える．この回答で，幕府にやや安堵の色が見える．布教問題について何とか処理可能ではないかと感じたのであろう．

　幕府，「布教が前提というのはひっかかるけど，貿易の場所は東京がいいです」と切り出す．しかも，「(貿易で)地方が力をつけるのを恐れているので，場所は指定したいです」と手の内を明かす．これに対して，スペイン・ポルトガルは「全然いい (全く問題ない)」と応じる．オランダとの場合と異なって，交渉がかなりスムーズに進展している．

③ フリートーク
【オランダチーム―幕府チーム】

　オランダが幕府の本音を探ろうと接触する．幕府は「どっちとも貿易したい」と答え，オランダは「(それが)いちばん平和的」と応じる．

【スペイン・ポルトガルチーム―オランダチーム】

　競い合う両国が接触する．スペイン・ポルトガルはオランダに「秘密文書教えて下さいよ」と言い寄る．しかし，オランダははぐらかした上で，「日本は両方と貿易するって言っていたので，我々は両方ともこのまま平和にして，日本潰して，がいちばんおいしいかな」と，幕府とのやり取りをリークしつつ物騒な提案をする．オランダは，スペイン・ポルトガルに軍事力で潰されることを最も恐れており，矛先を日本に向けさせたい．オランダはさらに，「スペインはオランダを潰そうなんて思ってないですか」と直接問う．スペイン・ポル

トガルは「全然思ってない」と答えるが，オランダは「怪しいな」と応じる.

④ 第2回作戦会議

　「島原の乱」勃発の「速報」が配布されたのち，各チームが指令書2を見ながら最後の交渉方針を話し合う.

【スペイン・ポルトガルチーム】

　「どうせやったらオランダ追い出したいな」「(オランダ国内は) キリスト教にもいろいろあるので，多くの宗派が入ってきたら日本しんどいですよって言って」という発言が出る. これは，島原の乱を前提に，多宗派・多宗教国家のオランダを誹謗する論理をひねり出そうというものであろう.

　しかし，ここで「幕府はそもそもなんでキリスト教が嫌なん？」という本質的な質問が出る. これに対しては，「キリスト教布教で大名とかが力持って幕府のいうこと聞いてくれなくなるから」という答えが出される. そこで，「(キリスト教を) 認めた方が楽ですよって (言おう)」「幕府も認めた方が安全って. (我々も) 幕府の味方をするからって言おう」「どうせ抑えられないって」という発言が相次ぐ. 自国と同様，幕府にも宗教的権威による国内統治を推奨しようというわけである.

【オランダチーム】

　「ミッションの最上位が専属契約やから」「スペイン無視して貿易取るか，スペインを蹴落としに行くか. 日本に対する印象の残し方 (をどうするか)」という一連の発言が出される. あくまで専属契約を狙うのか，スペイン・ポルトガルと幕府とが関係を結ぶことを排除しないレベルで進めるのか，自分たちの目標が再検討されている.

　しかし，「やっぱりここで，スペイン軍事力あるから，これ (キリシタン勢力) にスペインが加担すると，そっち弱み握られますよ，そして潰されますよ (と言おう)」という発言があり，スペイン・ポルトガルを排除して専属契約を狙う路線に決した.

　前半でオランダチームは，スペイン・ポルトガルと共存する「両方平和」という路線を追求していたので，大きな路線変更と言える. これは，幕府の軍艦

派遣要請に応じるかどうかを決定しなければならない状況から来たと考えられる．軍艦派遣を行うなら，「平和」路線を自ら捨てることとなるからである．

　結局，オランダチームは，「僕らは軍艦出しますよ，（我々は）全然宗教と関係ないので」「軍艦貸す代わりに，（交易は）オランダだけにしてほしい（と要求しよう）」という決断を行う．これに関連して，「結局（史実では，オランダへの軍艦派遣要請に関して）どうなったのか気になりますね．授業をこういう展開でされると」という発言もある．多少苦しい決断であったため，史実上のオランダの決断を知りたいと感じたのであろう．

　幕府に対しては，「こっちも（スペインとの）独立戦争中で大変だけど（軍艦派遣しますから），どうかお願いします」と，恩を売る言い方をとることになった．

【幕府チーム】

　同じ頃，幕府内では驚くべき相談が進行している．

　「幕府がキリシタンになったらええやん」「それがいちばん平和」との意見が複数から出される．

　一方，フリートークで情報交換した別のゲームグループの幕府チームの見解を引いて，「後ろの（グループの）幕府（チーム）では，九州で反乱が起きたのは，スペイン・ポルトガルのせいやから，そことの貿易は論外って感じらしい」という指摘もなされる．

　「どうしよう」と迷う声もあるが，結局は，「幕府もキリスト教 OK」「そしたら海外ともうまくいくし」「日本の中でも反乱起きないやん」「幕府が多様な宗教認めたらいいと思う」「そしたらスペイン・ポルトガルとの貿易を東京湾に限らなくてもいい」という方向に議論は収束していく．

　しかし，「そうしたらキリスト教以外（の信者）が反乱起こすやんか」との疑問も提出される．この意見には，当時のカトリックが排他的一神教であったことへの理解が感じられる．しかし，「そしたら全部認めたらいいねん」という意見が出され，宗教的寛容路線で幕論は統一される．

⑤ 第2回交渉

【スペイン・ポルトガルチーム―幕府チーム】

スペイン・ポルトガルが「島原の乱はキリスト教を無理に鎮圧しようとしたから起きてしまったのであって，認めてしまった方がうまくいくかなって（思います）」と切り出すと，幕府は「そうなんですよね」と全面的同意を示し，それのみならず，「（幕府は）キリスト教認めて世界平和を（めざします）」との宣言を行う．

幕府，「お願いしたいのが，オランダと仲良くなってほしいということがあって，世界平和を日本から発信していく」との要請を行う．スペイン・ポルトガルは，予想外の展開に押され気味になりながら，「でもオランダ裏切ったからな（軍艦派遣を指すと思われる）．」「僕らカトリックだけ．オランダが宗派いっぱいってのが少し怖いけどね．僕らだけにしておいた方がいいって気がしますけど」．スペイン・ポルトガルとしては，幕府がカトリックを認めるのは喜ばしいとしても，カトリック以外に寛容になる気はないのである．

しかし，幕府は断固として，「仲良くして下さい」と要求する．

【オランダチーム―幕府チーム】

オランダ，「今大変ですね．ちなみにどこで迷ってます？」と切り出す．オランダとしては，幕府はキリスト教統制と貿易利益の間で迷っていると考えていたであろう．しかし，幕府は答える．「今，幕府としたらキリスト教を認めて，どっちとも貿易して世界平和をめざそうと思っています」．

この驚くべき回答へのオランダの対応は，以下のようになかなか見事なものである．「それは壮大な．いい理想ですね」「どんな形であれ，日本の文化は大事にしたい．平和に関して協力していきたい」．遠回しに，スペイン・ポルトガルの排他的なカトリックと「日本の文化」とは両立しがたいと指摘している．オランダは続けて，「ここだけの話，スペイン・ポルトガルが（島原の反乱に）協力してしまうと，どうなると思いますか」．幕府，「おさまると思う．でも微妙やと思う」と答える．オランダ，ここぞとばかりに「微妙ですよね．（幕府がスペイン・ポルトガルに）協力したら，スペイン・ポルトガルが向こうの側（反乱側）につくかもしれない．危ない．弱み握られちゃうかも．世界平和めざしつ

つ，僕ら（だけ）と貿易してほしい」．どこでこのような交渉術を覚えたのかと
思うほど見事な説得である．

⑥ 幕府相談

　全交渉終了後，幕府チームが友好関係を結ぶ相手を選定するための相談に入
る．

　「オランダの勘違いと，一枚上手感がすごい」「ちょっと困ったな」「スペイ
ン・ポルトガル側と貿易したら，逆に反乱側につかれて，幕府がやられるって
言ってたけど……」と，迷っている様子である．オランダの説得がかなり功を
奏していることがわかる．

　一方，「力的にはスペイン・ポルトガルの方が強いから，ここで縁を切って
しまったら，そっちの方が幕府やられる（危険が高い）」との意見も出る．

　結局，「私は両国とも友好関係を結ぶという選択でいいと思う」という声が
出される．「オランダと結んでスペイン・ポルトガルと結ばなかったら，やら
れる．強いから」．このように，スペイン・ポルトガルに関しては，その報復
を恐れる形で友好関係を選択している．一方，オランダについては，もともと
排除する理由がない．しかし，オランダについても，そのスペイン・ポルトガ
ルへの中傷や自国利益追求的な姿勢から，積極的な友好意識は抱いていていな
いようである．

　このように両国とも友好関係を結ぶと決めた後，「何か（スペイン・ポルトガル
に）日本やられそう」，「日本（はスペイン・ポルトガルの）支配下やなこれ」，「流
されすぎやな」との意見も出される．スペイン・ポルトガルへの恐れは，最後
まで払拭できていない．

8 ゲームの多様な結果とゲームへの学習者の評価

　以上のように，このゲームグループでは，幕府はスペイン・ポルトガルとも
オランダとも外交・通商関係を結ぶ，という選択を行った．しかし，他の３つ
のゲームグループでは，幕府はいずれもオランダのみとの関係を選択するとい
う，それ自体としては史実通りの結果となった．

　しかし，ディブリーフィングを通じて，それぞれの幕府チームが最終決定に至った経緯や理由にはかなりの相違があることが判明した．例えば，スペイン・ポルトガルの姿勢の「高圧的」程度の度合い，島原の乱鎮圧へのオランダの協力の度合い，幕府のオランダへの信頼度の度合い，スペイン・ポルトガルが幕府と敵対関係に陥った場合の軍事的脅威の評価の度合い，幕府のスペイン・ポルトガルへの譲歩の度合い，などの点においてである．あるグループの幕府は，船の接触による貿易をスペイン・ポルトガルに提案したが，スペイン・ポルトガルがこれを断って破談に至っている．また，最終合意でオランダとの交易場所の限定を行ったグループもある．

　このように，このゲーミングを通じて，いわばさまざまな「鎖国」が出現したといえる．

　ゲーミング終了時には，学習者にアンケートを実施し，「このゲームが楽しかったか」についての5段階評価を求めた．結果は，5.「大変楽しかった」が18名（50%），4.「少し楽しかった」が18名（50%），3.「どちらとも言えない」，2.「あまり楽しくなかった」，1.「全く楽しくなかった」は，いずれも0人（0%）という結果であった．かなり複雑なゲーム内容であったにもかかわらず，学習者の高い評価を得たことがわかる．

第3章 「コミュニティ防災ゲーム：地震編」で コミュニティ防災を体験しよう！

豊田祐輔

Experience is not what happens to you; it's what you do with what happens to you.

(Huxley, 2018)

（経験とはあなたに起こることではない．起こることに対してあなたがすることである.）

1 コミュニティ防災におけるゲーミングの重要性

地域コミュニティ（ここでは町内会や自主防災組織などの住民組織の単位となる地域のこと）の活動の中でも都市部のコミュニティ防災には，若年・壮年層が参加しない，いつも同じ住民（特に町内会の役員などの高齢者）ばかり参加している，防災訓練の内容が同じで活動がマンネリ化しているなどの課題が挙げられている．これは，特に都市部では地縁に基づいた関係よりも，職場や共通の趣味を有する仲間との関係が濃密になっていることが一因である．

このような状況でも普段は問題なく生活していくことができる．しかし，災害時には地縁組織や近隣住民との関係が重要になってくる．図3-1は1995年1月17日に発生した阪神・淡路大震災時に，自宅などで生き埋めや閉じ込めに見舞われた際の救出主体（自分で抜け出した事例を含む）を示しているが，自助（自分や同居家族）に加えて共助（近隣住民の助け合い）の重要性が見て取れる．また，倒壊した家屋などの下敷きになって自力で脱出できなかった約3万5000人のうち，約7900人は警察・消防・自衛隊に救出されたが半数以上が救出時点ですでに死亡していたのに対し，約2万7000人は近隣住民が救出し生存率は80%を超えていたという推計もある（河田, 1997）．

近隣住民の協力が重要であることが過去の地震災害の教訓として認識されて

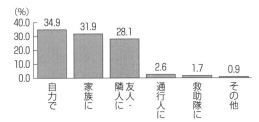

**図 3-1　阪神・淡路大震災における生き埋めや閉じ
込められた際の救助主体**（神戸市内標本調査）

（出所）日本火災学会（1996）.

いるが，現状はその協力関係がますます希薄になっているという，教訓とは真
逆の方向に向かっている．特にこれから社会を担っていく大学生は，地域での
防災活動の内容や重要性を認識することなく世帯を形成することになる．

解説
効果的な防災教育へ向けた工夫とゲーミングの利点

　防災教育に関するこれまでの研究では，教科書を使用した授業や演習よりも，
体験に基づく行動中心の学習で行われる方が成功しやすいことが指摘されている．
さらに，災害の危機意識を高めるキャンペーンを企画するだけではなく，自分な
りの解決策や力を発見するように導くべきであることや（矢守，2013），自分と
は関係のない土地で縁もゆかりもない人におきた過去の災害について教えるので
はなく，住んでいる地域のことや自分たちでできることも合わせて伝えること
（ショウ他，2013）が重要である．本章で詳述するように，ゲーミングはゲーム
の世界で災害前・中・後の状況を再現し，意思決定した結果どうなるのかを「体
験」し，教訓とすることができ，参加者本人として何ができるのか，何をするべ
きなのかという「解決策」を検討することを促す．さらに，ディブリーフィング
では自分たちが住んでいる地域コミュニティの状況とゲームでの教訓を比較する
ことで「住んでいる地域のこと」についても検討できる防災教育に効果的なツー
ルである．

　そこで，本章では大学生を含む将来の社会を背負う世代にコミュニティ防災の課題と重要性を理解し対策を考えてもらうためのゲーミングである「コミュニティ防災ゲーム：地震編[1]」を紹介する．

　なお，本章ではコミュニティ防災の体験を提供する教材をゲームと呼び，その後のディブリーフィングを含めた教育活動全体のことをゲーミングと呼ぶことにする．また，ゲームへの参加者について，ゲームで与えられた役割（住民など）としてプレイしている場合をプレイヤー，本人（大学生など）として説明を聞いているような場合は参加者として区別する．

2 「コミュニティ防災ゲーム：地震編」の構成

1　ゲームの導入

　「コミュニティ防災ゲーム：地震編」では，普段の生活と災害の関係を体験を通して学ぶ．その際に重要なのは，趣味など好きな活動と防災活動のバランスである．限られた時間やお金を何につかうのかは住民次第である．しかし，その選択が災害時の結果に大きく影響を与える．

　ゲームを始めるにあたって，1グループを4～6人程度に分けて，下記のゲーム説明を行う．

> ●このゲームでは，普段の住民生活をボード上の地図を使って疑似体験してもらいます．「あるところに，○○町という地域コミュニティがありました．このコミュニティには，古い住宅があり，狭い道も幾つかあります．また高齢化も進んでいて，地域住民の交流もあまりありません．あなたは○○町の住民で幸せに生活したいと考えています．このゲームでの，あなたの目的はできるだけ多くの幸福を得ることです．」(注：○○には身近な名前であるが存在しない町名などを自由に入れる．例えば，ゲーミング町など)

2　ゲーミングに向けて準備する教材

　ゲーミングの教材として，用意するものは各グループにつき**図3-2**の通りである．

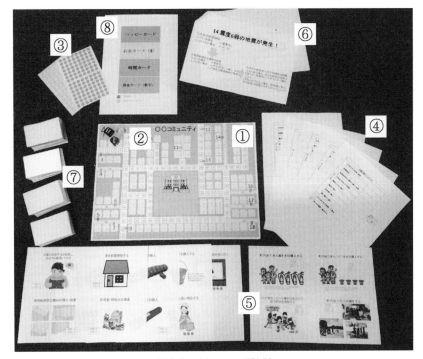

図 3-2　ゲーミング教材

① コミュニティマップ（1枚）

　図 3-3 は見本であるが，本書籍ではカラーではないため，晃洋書房 HP 上の
ウェブ参考資料（http://www.koyoshobo.co.jp/news/n32248.html）も見ていただきた
い．

　事前説明では A3 用紙に印刷されたマップを参加者に見てもらいながら，以
下の説明をする．

- ●マップ中央に小学校が位置している．
- ●住宅に番号が書かれてあるが，参加者はこの家のどれかに居住する住民
　としてゲームをプレイする．また，家から出ている二本の線は自宅の入
　り口の場所を示している．
- ●道路上の数字が書かれた四角は「ブロック」と呼ぶことにする．

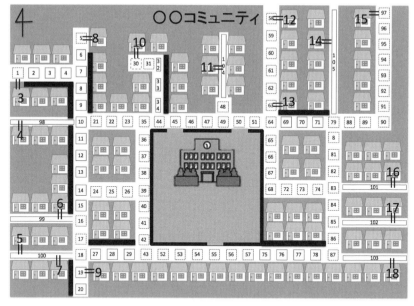

図 3-3　コミュニティマップ（見本）

●小学校を取り囲む線は塀を意味し，その切れ目は小学校に入るための門を表す．また，道路沿いの青色の太線（小学校の周りを囲む線は含まない）はブロック塀を示している．

　その他の事について尋ねられた場合（例えば，ブロックが赤色と青色の二種類ある），ここでは説明せず，（推測は容易であるが）自分で考えてほしいことを伝える．本節で先にネタ晴らしをすると，中央の小学校は災害時には避難所となり，耐震補強されていないブロック塀（ここでは全て耐震補強されていない設定）は地震時に倒壊し，道路閉塞や避難時の怪我の原因となる．そして，道路上のブロックは後に説明するイベント発生時に重要となってくる．赤四角の実線で描かれたブロックは，ブロック塀に隣接する道路もしくは細い道路を示し，青四角の点線で描かれたブロックはその他の道路を表している．

②サイコロ（複数：この例では 3 つ）

　この例ではサイコロを 3 つ用意する．3 つ同時に振ってもらう場合（自宅や

イベントの決定），3 つのサイコロの合計は 3 から 18 となる（そのため，後で説明する住宅番号やイベント番号も 3 から 18 となっている）．

③ 消火器マーク（赤丸シールなど）・消火バケツマーク（黄丸シールなど）（なるべく多めに）

　百円均一ショップや生協などで売られている小さな丸型のシールで良い．なお，赤や黄は（信号に代表されるように）危険を表す色であることから採用しているが，色や形は何でも良い．

④ 防災経験シート（1 人 1 枚）

　防災経験の有無を確認できるシートを参加者分用意し，経験した場合には防災経験シートに経験した活動に○をつけるなどして，一目でわかるようにする（晃洋書房 HP 上ウェブ参考資料参照）．

⑤ 個人の活動シート・コミュニティの活動シート（1 セットもしくは複数セット）

　後述する個人やコミュニティで実施できる活動のリストである（前者は**表 3-1**，

表 3-1　個人の活動内容の詳細

	個人の活動内容	活動に必要なカード		得られる内容
		お金	時間	
防災活動に関わる活動	火傷の応急手当を勉強し，自分でも実践してみる	0	2	応急手当の経験
	家を耐震補強する	9	0	自宅の耐震補強
	非常食・飲料水の準備	3	0	自宅の非常食・飲料水の備蓄
	携帯ラジオの購入	1	0	自宅の携帯ラジオの準備
	寝袋の購入	3	0	自宅の寝袋の準備
	救急箱の購入	3	0	自宅の救急箱の準備
	懐中電灯の購入	1	0	自宅の懐中電灯の購入
	家具転倒防止機材の購入・設置	3	0	自宅の家具転倒防止機材の準備
	消火器の購入	3	0	消火器 1 つ
	消火バケツの購入	2	0	消火バケツ 1 つ
好きなことに関わる活動	地域の友達とお茶する	1	2	ハッピーカード 3 枚
	地域の友達と買い物をする	2	1	ハッピーカード 3 枚
	隣町の友達と動物園に行く	1	2	ハッピーカード 3 枚
	隣町の友達と映画を見に行く	2	1	ハッピーカード 3 枚
	1 人で音楽を聞いてリラックスする	0	3	ハッピーカード 3 枚

表3-2　コミュニティの活動内容の詳細

コミュニティの活動内容	内容	活動参加者1人当たりに必要なカード	
		お金	時間
町内会で消火器を共同購入	この活動は，最低でも3人の住民（町内会長を含む）が必要です．大量に購入するので，雑貨店はサービスで消火器を1つ，おまけで付けてくれます（共同購入した住民数プラス1手に入る）．ただし，時間を合わせて一緒に雑貨店まで買いに行くので時間がかかります．	3	1
町内会で消火バケツを共同購入	この活動は，最低でも3人の住民（町内会長を含む）が必要です．大量に購入するので，雑貨店はサービスで消火バケツを1つ，おまけで付けてくれます（共同購入した住民数プラス1手に入る）．ただし，時間を合わせて一緒に雑貨店まで買いに行くので時間がかかります．	2	1
町内を皆で掃除	この活動は，最低でも3人の住民（町内会長を含む）の参加が必要です．地域の住民と協力することでコミュニティが綺麗になります．	0	2
町内会で防災訓練を実施	この活動は，最低でも3人の住民（町内会長を含む）の参加が必要です．この活動に参加すると，消火器の使い方，バケツリレー，救出方法などを学ぶことができます．	0	3

後者は**表3-2**を参照．印刷資料は晃洋書房 HP上ウェブ参考資料を参照）．各グループで1セット用意して全員で一緒に見てもらうのも良いし，複数セット用意しても良い．

⑥ イベントシート（1セット）

　こちらも後述するが，各ターン最後に発生させるイベントのリストである．サイコロに合わせて3から18の番号が書かれたイベントがあり，各イベントを A4用紙に1つ印刷し，冊子としてまとめている（**表3-3**ならびに印刷資料は晃洋書房 HP上ウェブ参考資料参照）．なお，サイコロを3つ振るため，目の合計は3から18まで同じ確率で出ないことに注意する必要がある．例えば，3が出る組み合わせは1，1，1のみであるが，10が出る組み合わせは1，3，6や2，2，6など複数の組み合わせがある．したがって，参加者により体験してほしいイベント（例えば中規模の地震など）を発生しやすい番号に配置するなどの工夫が必要である．**表3-4**はサイコロを3つ振る際の，それぞれの合計値が出る確

表 3-3 イベントの内容

イベント番号	イベント内容	耐震補強していない場合の結果	家具転倒防止機材がない場合の結果
4, 5, 16, 17	地震（震度3）	被害なし	被害なし
6, 9, 12, 15	地震（震度4）	被害なし	被害なし
10, 11	地震（震度5弱）	自宅にひびが入り補修が必要（お金カード−10）	各自、サイコロを1つ振り、目が1～2であれば家具転倒で怪我
13, 18	地震（震度5強）	自宅にひびが入り補修が必要（お金カード−10）	各自、サイコロを1つ振り、目が1～3であれば家具転倒で怪我
14	地震（震度6弱）	自宅が傾き改修が必要（お金カード−20）	各自、サイコロを1つ振り、目が1～4であれば家具転倒で怪我

> 家具転倒側の場合、救急箱が自宅にあり、かつ防災訓練に参加している場合は何らかの措置をしてしまったので備む（ハッピーカード−5）。それ以外は、救急隊が来るまで怪我の措置ができなかった（ハッピーカード−20）。

イベント番号	イベント内容	詳細な状況	結　果
7	自宅火災	各自サイコロを振って1～2が出れば自宅で火災が発生！消火器か消火スプレーが自宅もしくは自宅上の道路上にあり、かつ防災訓練に参加していた場合は、初期消火に成功。消火器・消火スプレーがない、もしくは、あっても防災訓練に参加したことがなく使い方がわからなければ消火できず、消防隊がやって来て消火。	自分で消火できた場合：小火で済み自宅改修も小規模で済んだ（ハッピーカード−5、かつ、お金カード−5）。自分で消火できなかった場合、消防隊が到着するのに時間がかかり自宅を半焼したため、大規模な自宅改修が必要になった（ハッピーカード−20、かつ、お金カード−20）。
3, 8	地域火災	代表者がサイコロを振り、1～3の目が出れば自宅もしくはブロック25で火事が発生！4～6の目が出ればブロック25で火事が発生！消火器か消火スプレーがブロック以内の道路上にあり、かつコミュニティで1人でも防災訓練に参加していた場合は、初期消火に成功。消火器・消火スプレーがない、もしくは、あっても防災訓練に参加したことがなく使い方がわからなければ消火できず、消防隊がやって来て消火。	自分たちで消火できた場合：小火で済み問題がなかった。自分たちで消火できなかった場合、消防隊が到着するのに時間がかかり全員が煙を吸ってしまった（ハッピーカード−10）。

表 3-4　サイコロを 3 つ振る際の合計値が出る確率

サイコロの目の合計	3, 18	4, 17	5, 16	6, 15	7, 14	8, 13	9, 12	10, 11
確率（%）	0.46	1.39	2.78	4.63	6.94	9.72	11.57	12.50

率を示している.

⑦ ハッピーカード（ピンク色カードなど）・時間カード（緑色カードなど）・お金
　　カード（黄色カードなど）・借金カード（上記カード以外の色カード）
　後述する各種カードである. それぞれの内容をイメージしやすければ色や
カードの種類（子ども銀行券など）を変えても構わない. なお, ゲームの中では
カードの交換が毎回生じるため, カードの束を各グループの机に置いておき,
交換はプレイヤー自身で行うようにすると良い（グループで集まっているので, 他
のプレイヤーの目を盗んでカードを多く取るなどのルール違反はないと思われる）.

⑧ カード色見本シート
　どのカードが何を意味しているのか分からなくなることがあるので, カード
の色見本を用意する（晃洋書房 HP 上ウェブ参考資料参照）.

3　ゲームの基本的な構造

　本ゲームの基本的な構造は複雑なものではない. ゲームでは参加者は住民に
なりきってプレイする. 住民の目的は上記の通り幸福になることであり, 幸福
になる方法はハッピーポイントを多く得ることである. ハッピーポイントの計
算方法は後述するが, 1 つの方法がハッピーカードを得ることである. 普段は,
時間カードとお金カードを使って活動を行うことで, ハッピーカードや防災経
験を獲得することができる. 例えば, **表 3-1** に示してあるように, 時間カード
2 枚を使って「火傷の応急手当てを勉強し, 自分でも実践してみる」ことで
「応急手当」の防災経験を得ることができる. また, 時間カード 2 枚とお金
カード 1 枚を使って「地域の友達とお茶する」ことによってハッピーカードを
3 枚得ることができる. このようにして, 幸福を追求しつつ防災活動もしてい
くことになる. これは, 自分のやりたいことを我慢して防災活動だけをしても
幸福ではないし, 自分のやりたいことばかりして防災活動をしなければ災害時

に痛い目に遭うことを再現している.

　これまで説明したことは個人でする活動（個人の防災活動なので自助）であり，⑤「個人の活動シート」にリスト化されている. 一方，⑤「コミュニティの活動シート」はコミュニティ活動がリスト化されている. これは，地域コミュニティで協力して行う活動（共助）である. 町内会長が住民に対して実施を提案し，それぞれの活動を実施するのに必要な人数が揃えば実施できるようになっている. 例えば，**表 3-2** のように「町内で防災訓練をする」を実施するには，町内会長を含む 3 人が参加する必要があり，活動参加者 1 人につき時間カード 3 枚を使うことで「防災訓練」の経験を得ることができる. 以上が，参加者が日常時に選択できる活動である.

　つまり，ゲームの世界であるコミュニティの説明をした後，下記の説明を行う.

- ●ハッピーカードや防災経験を得るための個人でする活動について説明する.
- ●防災経験などを得るためのコミュニティでする活動について説明する.

4　ゲームの進行方法（日常時）

　ここではゲームの進行について説明する. まずは上記の通り，ゲーミングの事前説明を提示し，幸福になるための方法を前項の通り説明する. ただし，前項ではゲーミングを実施したい読者向けの説明であるため，災害対策をしなければ地震による大きな被害が発生するなどのネタについては説明する必要はない. あくまで活動とハッピーカードの関係などのゲーム内の行動についてのみ説明する. また，次項で説明する災害が発生することも説明する必要はない. 最初は簡単な説明のみとし，ネタの種明かしは最後までとっておく.

　全体の進行について，**図 3-4** を提示しながら，以下の通り手順をわかりやすく指示する.

- ●役割を決める. 本事例では，単純に 1 つのコミュニティに町内会長 1 名がおり，他の参加者は住民である.
- ●各参加者はマップの中から自宅を選択する（例えば，サイコロをふった合計

ゲームの流れ

第1次ターンは，お金3枚，時間3枚から開始する.
次のターンからは，お金は3枚ずつ増える一方，時間は3枚に戻る.

町内会長がコミュニティの活動カードから1つ活動を選び，皆に実施を提案する.

↓

各住民は，提案された活動に参加するかどうか決める.

「町内清掃」・「防災訓練」であれば，防災経験シートに書き込んでいく.

↓

各個人で，時間とお金をつかって，個人の活動カードを選び，
ハッピーカードを獲得するか，防災活動の経験を「防災経験シート」に記録する.

↓

グループ代表者がサイコロを3つ振り，出たサイコロの目のイベントシートを見る.

↓

イベントシートに従って，行動などを進めていく.

1ターン

図 3-4　ゲームの手順（説明用概要）

の数字の番号の家など〔すでに居住者がいる場合は再度振り直す〕，もしくは好きに
自宅番号を選択する）.

- ●お金カード3枚と時間カード3枚を持って開始する．まず，町内会長が
コミュニティの活動カードから1つ選び，住民に実施を提案する．この
時，町内会長が独断で選んでも住民と相談して選んでも構わない．そし
て，各住民は提案された活動に参加するかどうかを決める．必要人数が
集まれば実施でき，集まらなければ実施できない．この時，提案できる
活動は1つのみである．そして，「町内清掃」もしくは「防災訓練」を
実施したのであれば，参加した自治会長・住民のみ ④ 防災経験シート
に書き込んでいく（○でも良いし，回数でも良いが，本章の例では○で経験を記
録することにする）.
- ●その後，各住民は，お金カードと時間カードを使って，個人の活動カー
ドを選び，ハッピーカードを獲得する．一方，個人の防災活動をした場
合は，④ 防災経験シートに書き込んでいく．個人の活動は，お金と時
間がある限り，いくつ実施しても構わない.
- ●その後，サイコロを3つ振り，出たサイコロの合計値の ⑥ イベント

シートを確認し，指示に従って行動を進めていく．

- ●以上が1ターンである．次のターンに移行する際には，各プレイヤーは
お金カードを新たに3枚追加し，時間カードは3枚に戻る（現実世界でも
時間は貯めることができないため）．

以上の**図3-4**の説明に加えて，以下の補足説明を加える．

- ●⑥ イベントシートは，該当番号のみを見るようにする（カンニングしな
い）．
- ●⑥ イベントシートに従った結果，お金カードが足りなくなった場合は，
次のターンでもらえるお金カード3枚も含めて支払う．それでも足りな
い分は借金カードをもらい，足りなかったお金カードの枚数（借金額）
を書き込む．次の次のターンからは，通常通り，3枚のお金カードがも
らえる（イベントでお金カードが10枚マイナスになるところ2枚しか持っていな
い場合は，次のターンのお金カード3枚を含めて5枚出せるので，借金カードに足
りない金額である5を記入し，次のターンではお金カードなしでやり過ごす）．
- ●一方，ハッピーはマイナスにならないため最低は0となり，次ターンで
は通常通り，活動に対してハッピーカードを得ることができる．
- ●消火器や消火バケツを購入した場合は，③ シールをコミュニティマッ
プ上の自宅もしくは道路上のブロックに貼ることで設置したことになる．
場所は平常時（イベント時以外）のみ移動できる．また，何度でも使用可
能である（現実には消火器は一度しか使えないが，簡略化している）．
- ●一番重要なことであるが，最後にハッピーポイントの計算方法を説明す
る．計算は以下の式に従って，ゲーム終了後に計算してもらう．幸福に
はお金も重要な要素の1つであるとしている（災害後復興では，元の住宅と
復興に関わる費用の二重ローンなどの問題があり被災者を悩ませている）．ただし，
好きなことに関わる活動では，0〜2枚のお金カードをつかってハッ
ピーカード3枚を得ることができるため，貯金よりも好きなことをした
方がハッピーポイントは高くなる．

　（　ハッピーポイント　＝

　　　ハッピーカードの枚数　＋　お金カードの枚数　−　借金額　）

　以上が事前説明であり，その後，ゲームを開始するが，最初のターンは全グループ同じペースで実施することで，質問があれば適宜答えるとともに，参加者にゲームに慣れてもらう．２ターン目以降は各グループのペースで実施してもらう．特にイベントに直面することで盛り上がり，ファシリテーターのサポートがなくてもどんどん進んでいく．本ゲームのイベントは，**表 3-3** のようにサイコロの目という偶発性と，イベントの流れに示されているように対策していれば被害を軽減できるという必然性の両者を含んでいる．これは実社会においても，いつ，どこで，どのような規模の自然災害に遭うのかは自然に任せるしかない一方で，対策をしていれば被害を軽減できることを反映している．

　このゲームの醍醐味は，イベントでの盛り上がりである．比較的小さな災害が発生することによって被害を受け，防災の重要性を認識するとともに，なぜ被害を防げなかったのかプレイヤー間で話し合いが始まるなど，ゲームの面白さに気づく．そして，その後のコミュニティや個人の活動を決める際にプレイヤー間のコミュニケーションが増える．後述のディブリーフィングの説明で述べるが，このような住民間の話し合いによる多様な意見の共有（リスク・コミュニケーション）や，住民（ここでは世帯主といったほうが正確である）という自分とは異なる役割から得た発見，そして因果関係（被害が大きく／小さくなった理由など）への気づきが防災教育には重要となる．

5　ゲームの進行方法（災害時）

　一定期間経過後強制的に平常時を終了させる（地震はいつ発生するかわからない）．そして，全グループ同時に大地震イベントを発生させる．状況としては**表 3-5**の通りである．ここでは，これまでの自助・共助の蓄積を地震の結果に反映させる必要がある．ここで示すのは一例であるが，特に公助に期待できない地震後の緊急対応期については「自宅から外への避難」，「避難所への避難」，そして「避難所生活」の３つのステップに分けて点数化することができる．**表 3-5**に示しているように家を耐震補強していなければ家が倒壊し怪我をしたのでハッピーカードが 20 枚マイナス，避難所への避難についても防災訓練に参加しなかったため，うまく避難所の場所がわからず迷ってしまいハッピーカード５枚マイナス，非常食・飲料水の準備をしておらず，避難所の備蓄も足りずお

表3-5　大地震イベントによる被害と災害対策の関係

個人／集団	防災活動内容	大地震の結果
防災活動に関わる個人の活動	火傷の応急手当を勉強し，自分でも実践してみる	今回は関係なし（平常時のイベントで活用）．
	消火器の購入	今回は関係なし（平常時のイベントで活用）．
	消火バケツの購入	今回は関係なし（平常時のイベントで活用）．
	救急箱の購入	今回は関係なし（平常時のイベントで活用）．
	家を耐震補強する	耐震補強していなければ家屋が倒壊し怪我をした（ハッピーカード－20）．
	家具転倒防止機材の購入・設置	家具転倒防止機材を設置していなければ，自宅内避難時に怪我をした（ハッピーカード－10）．
	非常食・飲料水の準備	準備していなければ避難所でお腹が空き困った（ハッピーカード－10）．
	携帯ラジオの購入	準備していなければ避難所で最新の情報を得るのに困った（ハッピーカード－5）．
	寝袋の購入	準備していなければ避難所の体育館で段ボールの上に寝ることになり，床が固くて大変だった（ハッピーカード－10）．
	懐中電灯の購入	夜に発生する地震では重要であるが，今回はお昼に発生したので問題なかった．
防災活動に関わるコミュニティの活動	町内会で消火器を共同購入	今回は関係なし（平常時のイベントで活用）．
	町内会で消火バケツを共同購入	今回は関係なし（平常時のイベントで活用）．
	町内を皆で掃除	今回は関係なし．
	町内会で防災訓練を実施	避難所への避難について防災訓練に参加しなかったため，避難所の場所がわからず迷ってしまった（ハッピーカード－5）．

腹が空いてしまいハッピーカード 10 枚マイナスなどが考えられる．災害対策をしていないことによる災害時の被害は大きなものであることから，ハッピーカードのマイナスは大きい方が良い．

　つまり，災害時については，以下の通り説明する．

　　● 大地震の状況を説明して，どの対策をしていなければどのような状況に陥り，ハッピーカードがどの程度マイナスになるのか説明する．

6　ゲームのディブリーフィング（振り返り）における話し合い

　ディブリーフィングはゲーミングの最も重要な部分であると言える．ディブ

リーフィングの目的は以下の2つである．1つ目は参加者を落ち着かせること
である．ゲームに熱中するあまり誰かが協力しなかったために大きな災害被害
を受けてしまい嫌な気持ちを抱いてしまうこともある．そのため，ディブリー
フィングでは，これはあくまでゲームであり，ゲームに勝つための行動であっ
たこと，現実世界の参加者本人の行動ではないと伝えて落ち着かせ，ゲーム中
の相手への感情を現実世界に引きずらせないようにすることが必須である．

　2つ目は，体験を通じて学んだことや気づいたこと，分かったような分から
ないようなモヤモヤしていること全てを学習の成果として明確なものにして学
びを得る必要がある．ディブリーフィングの方法にはさまざまなものがあるが，
時間がある限り，参加者に議論をしてもらいゲームでの体験（教訓）を整理さ
せるのが良い．まずはハッピーポイントを計算してもらい，ゲームの勝者であ
る最もハッピーポイントが高かった参加者の功績を称える（全員で拍手するのみ
でも，勝った参加者は嬉しくなる）．

　上記の2点をまとめると，以下の通りとなる．

- ゲームでの行動はゲームで勝つためであり，実世界とは異なることを伝
  え，参加者を落ち着かせる（ゲーム中の相手への感情を現実世界に引きずらせ
  ない）．
- 個人のハッピーポイント，ならびにグループ内の平均ハッピーポイント
  を計算してもらい，最もハッピーポイントが高かったゲームの勝者を称
  える．

　次にグループ内でなぜハッピーポイントが高い住民と低い住民がいたのか
ゲームを振り返って考えてもらう．さらに，ゲーム中に考えたこと，他の参加
者と話し合ったこと，そしてゲームを振り返ってみて思ったことを元に以下の
内容についてグループで話し合ってもらい，議論内容と提言を発表してもらう．
そこでは，なぜ災害対策が進んでいないのかという問題（やりたいことを重視し
災害対応をしない住民がいるなど）や，進めるためにはどうすればよいのかという
提言（住民が助け合いを図れるように具体的な対策を考えるなど）を指摘させることが
可能である．

　また，グループによって最終的なハッピーポイントのグループ平均点が大き

く異なるはずである．その理由を，高いグループや低いグループに発表しても
らい，別のグループでの体験を全員で共有する．これは，各個人やグループは，
今回設定したすべてのイベントを体験できるわけではないため，他にどのよう
なことが起こりえたのかについて理解を深めるためである．

　上記の点をまとめると以下の項目について話し合わせることになる．

- どのような課題があったのか（何が問題だったのか）．
- どのように対応ができたのか（地震に備えて，自分自身や地域でしておいて良
かったこと）．
- できなかった場合は，どう対応するべきだったのか（地震に備えて，して
おけば良かったこと）．
- なぜ，ある個人やグループの平均ハッピーポイントは高く，別の個人や
グループのポイントは低いのか，体験を共有してもらう（基本的にはイベ
ントという運に加えて，地域で対策していたことなどが挙げられるであろう）．

7　ディブリーフィングにおける「まとめ」

　ゲーミングの最後のまとめでは，例として以下のようにまとめることができ
る．まずはゲームのネタを全て説明する．そして，ゲームでの教訓を現実世界
の状況と比較してみることで自分たちの課題に気づけるようにする．つまり，
先ほどの「地震に備えて，しておいて良かったこと」や「地震に備えて，して
おけば良かったこと」について，「現実世界ではできているか」を尋ね，でき
ていないのであればゲームで体験したことが現実世界でも発生する可能性があ
ることを伝えることで，ゲームでの教訓を現実世界に活かすことができ，ゲー
ミングの教育効果が高まる．

　具体的には，以下の点についてまとめる．

- ゲームの目的が「都市がなぜ地震に弱いのかを把握すること」と「地震
被害に遭っても，なるべく不幸にならないように何をすべきかを理解し
てもらうこと」であったことを説明する．
- 自分のやりたいことを我慢して防災活動だけをしても幸福ではないし，
自分のやりたいことばかりして防災活動をしなければ災害時に痛い目に

表 3-6　現実世界とゲームで共通する項目

現実世界		ゲーム世界
みんな楽しく過ごしたいと考えている.	→	ハッピーポイントで再現している.
日本の多くの都市住民は災害と隣り合わせに生きている.	→	火事と地震というイベントで再現している.
耐震補強していない家，倒れやすい家具，補強されていないブロック塀，避難経路を遮断する細街路，お互いを知らない住民など，さまざまなリスクが地域コミュニティには存在する.	→	コミュニティ・マップの状況や個人の災害対策，防災訓練への参加などの平常時の個人行動・コミュニティ行動に表れている.
地震はいつ起こるかわからない. もしかしたら，生きているうちに起こらないかもしれない.	→	サイコロによる偶発性で再現している.
しかし，対策をしていれば被害を軽減することができる.	→	イベントの流れがその関係を示している（平常時の対策とイベント時の結果を参照）.

遭うことをゲーム上で再現したことを説明しゲームのネタを説明する（各ターンならびにゲーム最後のイベントの種類と，被害を軽減できる対策である**表3-3**ならびに**表3-5**なども説明する）.

● 震災の教訓を振り返り，本章の**図3-1**で示したように，阪神・淡路大震災では自助がまず重要であること，どうにもならない時は共助も重要になることを，写真や動画などを交えて説明する[2].

● 私たちが住む社会では，共助の支えとなる住民間のつながりが希薄化していることを問題提起する.

● 参加者が居住している地域の地震リスク（想定される地震の規模や被害など）を伝えるとともに，現実世界とゲームで共通する項目（**表3-6**）を伝え，ゲーム上での体験と自分たちが住んでいる社会が同様な状況になり得ることを説明する.

● ゲームで学習した教訓を生かすために，先ほど自分たちが提案したことの中で，自分たちにできることから始めてほしいと伝える.

8　ゲーミングの進行時間

　本ゲーミングはディブリーフィングにおける参加者の話し合いを含めなければ，90分で終了することができる. 一方，それ以上の時間が利用できるようであればディブリーフィングに参加者の話し合いを含めることで教育効果は高

くなる．例えば，ゲーミングのディブリーフィングを簡潔にして余裕を持って90分で実施した後，次週への課題として，各自どのようなことを体験したのか，何が課題で何をするべきだと思ったのかなどのレポートを書かせ，次週の90分を使ってグループ内議論をさせてディブブリーフィングを実施することも可能である．

　筆者は本ゲーミングを集中講義で実施しているため，3時間かけている．その際は，各住民役に細かい役割（主婦で地元の人と付き合うのが好き，会社員で普段から地域外にいる知人と時間を過ごすことが好きなど）を与え，町内会長には他のプレイヤーには内緒で別の目的（居住するコミュニティの平均ハッピーポイントが他のコミュニティより高ければ勝利）を与えることもしている．さらに大地震時には，自宅から外への避難時に，災害対策ができていないプレイヤーは難解な迷路，対策ができているプレイヤーには平易な迷路を時間内に解かせ，また自宅（の前）から避難所である小学校への避難には，道路のブロックをマス目に見たてて，サイコロを振り，止まるごとに防災クイズに答えさせる（赤実線ブロックに止まれば難しい赤問題，青点線グロックでは易しい青問題を解かせ，間違えれば10秒待機するなど）というすごろく形式で時間内に避難させるなど，避難にもゲーム性を持たせている．そして，なぜ時間内に避難できる住民とそうでない住民がいるのか，改善するための対応策は何かについてディブリーフィングで考えさせ議論させている．このように，本ゲームは要素を簡素化して小学生などへも実施できるシンプルなゲームとすることや，要素を追加してより深く学ぶことができるようにすることが可能である．

　ゲーミングの実施時間（1クラス40人程度の授業を想定）は以下の通りとなる．

　　10分　ゲームの説明（事前説明，町内会長の決定，各プレイヤーの自宅の決定）
　　5分　第1ターン（全員一緒に実施する）
　　40分　ゲームの実施（第2ターン以降）
　　10分　大地震イベントの発生とその結果の説明（ハッピーカードのマイナスについて）
　　5分　ハッピーポイントの計算（個人と各コミュニティの平均を計算してもらう）
　　5分　ハッピーポイントの発表と最もハッピーポイントを得た参加者の特定
　　（30分以上〔次週に実施可能〕　ディブリーフィング〔話し合い：参加者に議論

してもらう))

15分　ティブリーフィング（まとめ：ゲームの目的と現実世界の課題を提示する＋質疑応答）

合計時間：90分〜

3 「コミュニティ防災ゲーム：地震編」の工夫と期待される効果

　本章で紹介したゲーミングはあくまで一例であり，前節の最後で示したように対象と目的に応じてシンプルにして学びやすくすることも，複雑にして詳細に学ぶことができるようにもすることができる．最後に本ゲーミングの工夫と期待される効果についてまとめる．

1　ゲームの構造（原因・対策と結果という因果関係）

　ゲーミングの流れとしては，図3-5のように，現実の世界で起こったことや将来起きる可能性があることをゲームの世界に再現し体験するとともに，ゲーム内で得られた教訓を自分の日常生活と照らして理解を深めていくことを意識させることが基本となる．この図の3つのステップに従って，本ゲーミングを修正ならびに実施する際に頭に入れておくべきことをまとめる．防災行動については，大きく自助と共助に分けられる．一方，災害で亡くなってしまうとゲームオーバーとなり以降は参加できなくなることを避けるために，最終的には公助があることを認識させつつも，自助・共助の方が素早い救助・避難が可能であることを認識させる（ハッピーカードの減少数で調整する）ことで自助，そ

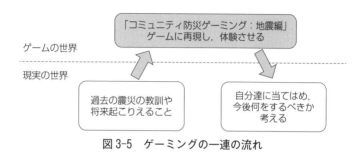

図3-5　ゲーミングの一連の流れ

して共助の重要性を理解することができる.

つまり，下記のように考える.

- 自助による対策によって，被害が軽減できるようにしておく

　どのような自助活動が促進されているのかをまとめる（現実世界）.

　→どのような自助活動がとれるのかを確定させる（ゲーム世界）.

　→自助行動をとる必要性と方法を認識させる（現実世界）.

- 共助による対策によって，自助では対応できないことをカバーできるようにしておく.

　どのような共助活動の重要性が指摘されているのかをまとめる（現実世界）.

　→どのような共助活動がとれるのかを確定させる（ゲーム世界）.

　→共助行動をとる必要性と方法を認識させる（現実世界）.

- しかしながら，自助・共助という災害対策のみを行っていても楽しくない.

　普段のやりたい活動と防災活動のバランスが重要である（現実世界）.

　→イベントによる被害発生後に急に防災活動に積極的になるよりも，最初から準備しておいた方が良いことを学ばせる（ゲーム世界）.

　→普段の生活に防災をどのように組み込むかを考えさせる（現実世界）.

- 全てにおいて，対策していればハッピーカードの減少が少なくなるようにするのみで，全く対策していない場合でも亡くなるということは避ける.

2　役割の追加・削除

　まず，本事例では町内会長と住民という2つの役割のみであったが，他の役割を設定することもできる. ゲーミングの最も重要な教育効果の1つは，役割になりきってプレイすることで，自分とは異なる立場から取り組んでいるテーマについて理解できるということである. つまり，参加者は大学生であるが，町内会長や，住民の中でも主婦（同じコミュニティの主婦と付き合いが深いので，同じ地域の友達との活動を重視し，その結果，災害時の共助が期待できる）や，会社員（収

入は多い〔お金カードを毎ターン5枚入手できるなど〕が地域住民との交流はほとんどなく，別の街に住んでいる友人との付き合いが多いため，災害時の共助に頼ることができない）などを設定することで，より深い理解につながる．もちろん，コミュニティ防災を促進する立場の行政（危機管理課職員）を設けることも可能である．ただし，ゲームの内容を細かくするとゲームの内容を覚えるのに必死で肝心の中身に集中できないこともあるので注意が必要である．

　役割の追加・削除は，単純に以下の通りに考える．

- どの立場になってコミュニティ防災を理解してほしいのかによって，役割を追加する．

3　ルールの詳細化・簡略化

　対策とハッピーカードの減少については場面ごとに，大きく「平常時」，災害後の「自宅からの外への避難」，「避難所への避難」，そして「避難所生活」に分けることができる．ゲーミングの目的や実施時間，対象により調整することになり（本章の例では，単純に「平常時」をゲーム形式で進め，災害後は全て平常時の行動の結果で示した），どの項目を加えるかで学習できる内容が異なる．

　場面の項目ごとにまとめると以下の通りとなる．

- 「自宅から外への避難」については，「自宅の耐震補強」や「家具転倒防止機材の設置」などの自宅内の対策が重要となり，実施していればハッピーカードの減少が少なくなるようにする．「緊急地震速報」（震源地が遠い場合に，地震の揺れが到達するまでに地震の発生を数秒から十数秒前に知らせる仕組みで，揺れが始まる前に机の下に入るなど身を守る行動をとれる）の知識を加えることも可能である．
- 「避難所への避難」には，「避難所の場所」や「避難経路」を知っていることが重要であるが，他の住民と力を合わせて「救助」や「初期消火」にあたることも追加することも可能である．このような対策を行っていれば，ハッピーカードの減少が少なくなるようにする．また，「細い道（細街路）」や「ブロック塀沿い」などの危険個所も知っておくことも重要である．ゲーム開始直後の自宅の選択をサイコロではなく，プレ

イヤー自身で決められるようにすることで，ディブリーフィングにおける避難経路に関する話題とすることもできる.

● 「避難所生活」については，各種「備蓄」や「平常時の地域住民の協力関係」が重要である．特に後者はスムーズな避難所運営を左右し，避難所でのルール決め（消灯時間など）におけるもめ事を回避できる可能性がある．したがって，「備蓄」や「平常時の地域住民の協力関係」ができていればハッピーカードの減少を少なくするようにする（なお，本章の事例では後者の協力関係はゲームが複雑になるため含めず，ディブリーフィングのまとめにおいて説明のみしている）.

　最後にディブリーフィングでは質疑応答も含める方が良いが，その際に答えられない，もしくは，特に防災の場合は答えがないような質問が出てくるのが常である．その際は，避難所運営ゲーム（Hinanjo Unei Game：HUG）を開発した倉野康彦[3]が述べているように，何をすれば良いと思うのか（例えば，ゲームで直面したある課題にどう対応すれば良いのか）を，質問が一通り出た時点で他のグループへの助言へ向けて各グループに話し合いをさせ，発表させると良い．具体的な防災の課題について話し合いをさせることで，自ら考えて対策を提案する練習になり，また他のグループの体験から学ぶこともできる.

　以上の点を踏まえることで，目的に応じてゲームを修正し実施できる．そして，地震による被害だけでなく，なぜそのような課題があるのか（なぜ住民は防災活動に参加しないのか），どのような対策（行動）を取れば被害軽減につながるのかをゲームやディブリーフィングでの「経験」を基に理解することができるのである．ここで大切なのは，本章冒頭の引用にあるように，この「経験」が「何が起こったか」ではなく「起こったことに対して何をしたか」を意味していることである．つまり，地震後の状況を体験してもらうのではなく，ゲームでの体験を通じてコミュニティ防災の課題について原因と因果関係を理解し，ディブリーフィングでは，その体験をもとに自分自身ができることを考えるという「経験」が重要である.

注

1 ）このゲーミングは途上国スラムにおける火災を扱った筆者らの共同研究である保川・豊田・酒井・鐘ヶ江（2012）を参考に，日本の地震対策用に開発したものである．なお，コミュニティ防災に関わる他のゲーミングは鐘ヶ江・豊田（2013），危機管理に関わるゲーミングは吉川（2012）において紹介されている．

2 ）阪神・淡路大震災の写真や動画は，神戸大学付属図書館（n.d.）などで公開されている．

3 ）日本シミュレーション＆ゲーミング学会2017年度春期全国大会（於：流通経済大学，2017年 5 月27日）の『大会ゲーミング』でHUGを実施された際の発言である．

参考文献

Huxley, A. (n.d.). *BrainyQuote. com* 〈https://www.brainyquote.com/quotes/aldous_huxley_145888〉(Retrieved February 9, 2018).

鐘ヶ江秀彦・豊田祐輔（2013）「災害体験を教訓に変える　ゲーミングによる「気づき」と「共有」の防災学習」『テキスト　文化遺産防災学』学芸出版社，pp. 131-146.

河田惠昭（1997）「大規模地震災害による人的被害の予測」『自然災害科学』第 6 巻 1 号，pp. 3-13.

吉川肇子編（2012）『リスク・コミュニケーション・ゲーミング：ゲーミングによる体験型研修のススメ』ナカニシヤ出版.

神戸大学附属図書館（n.d.）「震災文庫」〈http://www.lib.kobe-u.ac.jp/eqb/〉（2018年 2 月11日アクセス）.

日本火災学会編（1996）『兵庫県南部地震における火災に関する調査報告書』日本火災学会.

ショウ, R.・塩飽孝一・竹内裕希子編著（2013）『防災教育——学校・家庭・地域をつなぐ世界の事例——』明石書店.

矢守克也（2013）『巨大災害のリスク・コミュニケーション——災害情報の新しいかたち——』ミネルヴァ書房.

保川真有美・豊田祐輔・酒井宏平・鐘ヶ江秀彦（2012）「地域防災力向上のための子どもを対象としたゲーミング・シミュレーションの有効性に関する研究」『日本シミュレーション＆ゲーミング学会全国大会論文報告集2012年秋号』pp. 65-66.

第4章 ゲーミングで水紛争を学ぶ

玉井良尚

1 ゲーミングで水紛争を学ぶ意義とは

　ゲーミング・シミュレーションの特長には，その実施過程で対象問題の情報と論点の整理ができることや，プレイヤーに対して制作者の研究テーマ（または関心事）を理解してもらうことが挙げられる．またゲーミングを通してプレイヤーが問題の「気付き」を得ることによって，それを現実世界への「教訓」としてフィードバックする効果も期待される．このような特長を踏まえて，今日，ゲーミング・シミュレーションは，アクティブ・ラーニングの有望な一手段として積極的に推進されている．このようななかで，筆者はゲーミングの題材として「水紛争」を薦めたい．なぜならば，水紛争は今日，国際公共政策や行財政学，経済学，そして環境学といった幅広い学問領域において議論されているため，当該問題をゲーミング・シミュレーションで扱うことは，アクティブ・ラーニング講義に個々さまざまな関心領域をもつ多くの学生が集まった際にも対応もしやすくなるというメリットがあるからである．

　そもそも，水紛争はさまざまな問題形態で語られる．例えば，「rival」の語源が river の水を争う競争者に由来するように，古来より水利をめぐる争いは個人や組織，果ては国家までの権利問題の1つとして扱われている．また水が人間の生命活動にとって不可欠である以上，生活水の水質向上・維持は公衆衛生問題として社会の重大な関心事であり続ける．さらに近年では，市民生活機能を支える水道インフラ維持に対する自治体財政とそれに伴う水道事業民営化が大きくメディアに取り上げられ，水問題は行財政問題の1つのテーマとして扱われることがある．このように水紛争の発生領域は，水利権や経済開発，衛

生問題など幅広く，そして深い．そしてその領域には個人から国家まで多様かつ多数のアクターが関与している．このように広く深い水問題を教育することは，今後の社会を担う良き人材育成のためには避けて通れない．

　それでは水問題をいかにしてゲーミング・シミュレーションで表現し，そしてプレイする学習者に対して指導を行っていくのか．水問題を学習者にすべて理解させるゲーミングを開発するには，制作側にかなりの知識と労力，そして時間を必要とすることが予想される．もし，とある水問題に影響を及ぼすステークホルダーをはじめとするあらゆる要素をゲーミング上で表現しようとするならば，多くの制約や数値が発生し，制作者だけでなく学習者たるプレイヤーにも必然的に大きな負担を課すことになるだろう．しからば，この膨大な労力を回避しつつ，実践的な水紛争ゲーミングの制作とは可能なのであろうか．本章では，その一例となる水紛争ゲーミングのモデルを提示しつつ，水紛争ゲーミングのより簡易な開発のためのプラットフォームの考察とその方法論を提案することを目的とする．

2　水紛争の多様性と多元性

　先に述べた通り，水紛争・水問題が生じる領域は極めて広い．水紛争は，個人間や自治体間，社会組織間，そして国家間といった対称アクター間だけでなく，また国内外のダム建設紛争でよく見られる住民組織 対 国家の構図のように，非対称アクター間で発生することも全くもって珍しいことではない（シヴァ，2003：99-131）．さらに水紛争解決のためのルールは，紛争が発生した領域やアクターによっても左右される．例えば国際河川の水資源をめぐる国家間紛争であれば，国際法や条約，協定によって問題解決が図られる（松井，2010：285-341）．また紛争がある国内の自治体間で発生すれば，河川法や水道法など国内法制度をもってしてその解決が模索されるだろう．そしてそれは，個人や社会組織間においても同様である．このように水紛争ゲーミングを開発する場合，紛争の「場」の設定によってその内容が大きく異なってくる．したがって水紛争ゲーミングは，「場」が極めて重要なファクターとなるのだ．

　それでは，具体的に水紛争ゲーミングの「場」はどこに設定すべきか．近年

の水紛争研究では，州や県，市町村レベルの地域及び自治体間，そして部族間
といった国家より下位のレベル間での紛争が注目されている．さらにわが国日
本では，外国人による山林の水源地の購入問題が近年大きな話題となっている
（平野・安田，2012）．だが本章ではサブナショナル・レベルではなく，あえて国
家間レベルでの水紛争ゲーミングを提示したい．

　1979 年，当時エジプトのムハンマド・アンワル・サダト大統領は，「エジプ
トを戦争に駆り立てる唯一のものは水である」と述べ，1987 年には，後年，
第 6 代国連事務総長となるブトロス・ブトロス＝ガリ外務担当国務大臣代行
（当時）が，「中東では水をめぐって戦争が起きるだろう」と述べた（塚谷，
1997：95）．これらエジプト政府首脳の発言は，自国と隣国エチオピアとの間で
起きていたナイル川の水資源をめぐる歴史的対立関係から出た言葉であると容
易に推察される．くわえてこれら当時の発言は，21 世紀には水が国際政治を
動かす大きな資源となることを予測したものといえた．だが今世紀に入りおよ
そ 20 年間，ガリの示したような明確に水争いを主要因とする大規模な国家間
戦争は起きていない．さらに近年の研究では，ここ 100 年間，水紛争を主要因
とした大規模な国家間戦争はわずか数例しかないとの報告さえもある（ビーチ
ほか，2003）[1]．

　それにもかかわらず，なぜ国家間レベルでの水紛争をゲーミングで取り扱う
のか．それは，今日，国際社会が基本アナーキーだからである．1997 年，国
連総会において，「国際水路の非航行的利用に関する条約」（以下，国際水路非航
行利用条約）が採択され，2014 年に発効した．この条約が規定し名称にもある
「国際水路」とは，国際河川だけでなく，湖沼などの地表水や地下水など物理
的一体性としてある水資源全般を含んだものである．そして当該条約は，2 国
間の枠組みを超えた包括的な規律の下，この国際水路に対する各国の衡平利用
と下流国への損害防止原則を認めており，その発効は，地道に問題当事国間で
の条約や協定の成立によって紛争解決を目指すしかなかった既存の国際環境に
対する大いなる進歩を促すものと期待されている．したがって，これまで水管
理に関するグローバルな国際法が存在しなかったゆえに，国際水路非航行利用
条約が国際慣習法化することへの期待は今日の国際社会で小さくない．しかし
当該条約に対しては，中国やトルコなど上流国として国際河川を多く抱える国，

とりわけ地域において国力が他より相対的に大きい地域大国は，損害防止原則が下流国へ拒否権を与えかねないとして消極的である．実際に，1997年国連総会での国際水路非航行利用条約の採択時，中国，トルコ，そしてブルンジの国際河川上流3カ国は，自国の領域主権が制限されるとして反対票を投じた．また逆に，エジプトなど国際河川下流国のなかには，衡平利用原則が上流国の水源開発に対してある種のお墨付きを与えかねないとの危惧もある．したがって，上流と下流どちらの地域大国も，当該条約の発展は水資源開発という自国の主権を侵害しかねないものとの認識を有している（鳥谷部, 2015）．この複雑な様相は，当該条約が採択から17年経って発効したこと，すなわち35カ国の批准（あるいは受諾，承認，加盟）を発効要件とするなか，採択時には103カ国の賛成があったにもかかわらず，17年かけて35カ国の批准しか集められていない事実からも窺い知れよう．

　今後の国際的な水問題の主要テーマは，この国際水路非航行利用条約が国際慣習法化するか否か，又はそれを認めるか否かの議論に収斂していく可能性がある．しかしとりわけ，国際政治で影響力のある地域大国がこの条約に疑心を有している以上，今日の国際水資源に関する紛争解決と協力メカニズムは依然不安定かつ未成熟であることは明白といえる．したがって，国際河川協力が今日も未成熟である現実を経験できるゲーミングが必要なのである．そしてそれをゲーミングで経験した上で，この現在の状況を改善する方策を模索せんと導く授業は，受講者の将来にとっても極めて有意となるであろう．

 トピック

地政学と水紛争ゲーミング

　近年，読者の中には「地政学」というワードをニュースや新聞などで頻繁に接するようになったと感じる方も多いだろう．地政学は，自然の地理と資源，そして人為的な境界が織り成す政治的影響の分析を目的とする学問である．しかし地政学に基づく考えは，歴史的に国際政治のダイナミズムを生む．第2次世界大戦前のドイツでは，カール・ハウスホーファーが民族の生存圏を主張し，その拡大

を国家的宿命とした．そしてその主張は，ナチスの対外膨張主義と結びつき，結果として第 2 次世界大戦の道へと進んで行った（カプラン，2014：108-116, 120-125）．また，米ソ冷戦も地政学の要素が色濃い．ハルフォード・マッキンダーはユーラシア中央部の資源地帯を重視し，そこを「ハートランド」と呼称し，「当地を支配する者が世界島（ユーラシア大陸）を征し，世界島を征す者が世界を征する」と説いた．さらにニコラス・スパイクスマンは，ユーラシア周縁部（中国，東南アジア諸国及びインド）の人口とそれに基づく経済圏に着目し，当該域を「リムランド」と呼び，そこを支配する者がユーラシアを征すると説いた．そして米ソ冷戦は，このハートランドを支配していたソビエト連邦に対して，アメリカは共産主義国に接する諸国家と友好・同盟関係を構築することによって対ソ封じ込め政策を実践するという構図を生んだ（カプラン，2014：120-125）．このように地政学は，資源を伴う自然地理と国家の領土や諸政策を重ね合わせた上で，その現状から諸国家の優位性の創造と維持，または衰退を理解し分析する．そして本章のテーマとする水紛争も，その地政学のトピックとして扱いうる資源の 1 つである．例えば，ナイル川の水資源確保は，エジプトの社会経済にとって極めて重要である．しかしナイル川水系を地理的に見た時，エジプトはナイル川最下流国である．それゆえに，水資源の絶対的確保のためにエジプトは，歴史的にナイル川上流国の水源開発に対して政治的に強硬な圧力と態度を取り続けている（西舘，2017）．そしてこのエジプトの政治的態度は，地域の国際政治に極めて大きな影響と緊張を与えている．これを踏まえると，国家間水紛争ゲーミングは，地政学ゲーミングとしての要素を十分に持ち，そして有効な学習ツールとなりうる．

3　ゲーミングの重要要素「場」の設定と創造

　ゲーミング開発の際に考慮しなければならない設定を最大公約化するならば，それは，「場」，「時」そして「ルール」である．そしてその 3 つの設定の中でも，水紛争ゲーミングで重要なのは，「場」の設定である．本節では，「場」の設定次第でよりゲーミングの開発労力を抑制しつつも，水紛争のダイナミズムも担保しうる可能性を紹介する．ちなみに，ゲーミング開発コストを抑えつつも，最終的に学習者に対して水を戦略資源として認識させ，そしてそれが国家

間の外交ダイナミズムにおける焦点の1つとなりうることを熟考させることが，ここで提示する水紛争ゲーミングの最大の目標となる．

1　「場」の架空性のメリット

　水資源は，稀少地域と過多地域，雨季や乾季といった地理的に強い偏在性を有するため，資源性と地理が強く結びつく．したがって，水の賦存性という理由からも，舞台となる「場」の設定が極めて重要となる．すなわち，争いの主要因となる水がどこに賦存しているのか，またゲーミングのアクターが水に対してどこに位置しているのかである．例えば，水資源賦存地として一般にすぐ想起されるのは，利水目的のアクセスが容易な河川や湖沼などであろう．また近年，掘削技術の進歩によって地下水も利水の対象領域となろう．だが現代における人間の水へのアクセスは，河川や地下水など原水の分配だけではなく，都市や個人間での貧富の格差が著しく影響を及ぼす水道インフラ管理や水質衛生の維持向上といった，消費地，さらにはその間の輸送や加工（浄水や送水）といった領域も考慮に入れてはじめて完結する問題である．そして，その過程のどこかに問題があると途端に紛争が発生する（バーロウ，2008：86-91, 148-150）[2]．だが先にも指摘したように，完璧にステークホルダーや制約，数値を反映した水紛争ゲーミングの開発はほぼ不可能である．そのためここでは割り切って，ゲーミング開発を簡易にする方向を優先する．そのための方策は，ゲーミングにおける変数の数を可能な限り絞るための「場」の創作である．

　ゲーミングの「場」の創作とは，「場」の抽象化，すなわち架空化である．そしてそのことは，現実世界の個別具体的事例に依拠しないゲーミングを作るということになろう．このゲーミングの架空舞台の創出は次のようなメリットがある．それは，① プレイヤーに事前の知識を要求しない，② ゲーミングのプレイヤーの言動に創造性を与える，そして③ ゲーミングに「汎用性」を与える，の3点である．まず，①学習者たるプレイヤーに対して事前の知識を要求しないことは，学習者の負担を低減させるとともに，事前の知識格差を抑制することにもつながる．例えば，メコン川の水資源問題を事例としたゲーミングを開発した場合，その問題を知っている者と知らない者との間ではゲーミング上で有利不利が生じてしまう．当該ゲーミングの場合，その成功の鍵を握る

アクターは中国となるが，中国を担当するプレイヤーがメコン川流域問題を十分に理解していない場合，そのゲーミングの実施内容は当然，現実と極めて乖離した過程と結末へと至るであろう．そしてその内容が学習において理想的かつ効果的であるとはかぎらない．だが「場」が架空であるゲーミングの場合，純粋に個々人の意欲とルールへの理解，そしてゲーミングでの交渉力の差がゲーミングの結末に変化をもたらす．そしてその後，学習者に自分のゲーミング過程を振り返らせるのだ．

　次に，①に関連しつつ，②のプレイヤーに創造性を与えることは，「場」の架空性によって，担当するアクターに応じた役割と重要性の偏りを防ぎ，全アクターに勝利を目指すモチベーションを持たせることを意味する．例えば現実事例に則したメコン川ゲーミングでは，中国等の大国アクターは積極的に動ける設定と資源が与えられるが，ラオスといった小国アクターは相対して受動的にならざるを得ず，それはゲーミングに対する積極性の格差をプレイヤー間に生じさせる可能性が高い．そしてこのことは，ゲーミング上の勝敗及び気付きの格差にも結び付きかねない．またゲーミング上の勝敗のための得点数値が精緻に設計されていたとしても，担当するアクターへのプレイヤーの事前のバイアスがゲーミング内容に影響を及ぼすこともありうる．つまりは，「自分が担当するのは小国だから，どうせゲーミングでは積極的に動けないだろう，又は動かなくてよいだろう」という意識の具現化である．それゆえに「場」の架空性は，ゲーミング・アクターに対するバイアスを極力排除することに寄与し，さらにそのことによってゲーミングに対するプレイヤーの積極性と創造性へとつなげることが期待できる．

　そして，③の「汎用性」は，先に指摘したように，水紛争の事例が国家間レベルよりも自治体間やエスニシティ間でのほうが多い点による．だがこのことは，架空の「場」を舞台とするゲーミング開発においてある利点をもたらしうる．この水紛争の特徴を反映した場合，水紛争ゲーミングは，国家間だけでなくそれ以外の非国家アクター間ゲームにも転用可能な柔軟性を持たせなければならないが，先に述べた「場」の抽象性を持たせた架空世界を作り出せれば，ゲーミング上のアクターを国家や自治体に変更するだけで，さまざまなレベルの水紛争を容易にシミュレートすることが可能となる．したがって，ゲーミン

グにおける「場」の架空性は，同時に汎用性をも担保するのである．

2　「場」の架空性のデメリット

ここまでゲーミングの「場」の架空性に対するメリットを記したが，同時にデメリットもある．それは，ディブリーフィング時における学習者の時事事例に対する「気付き」への困難さである．個々の具体的事例からゲーミングを開発すると，教員は，ゲーミング実施後のディブリーフィングの際，学習者に対して問題の気付きへと導き易い．すなわちこの気付きとは，争点となっている水問題領域の解決の鍵となるアクターとは誰か，どのような条件が整えば当該問題が解決可能かといった認識と理解への導きである．しかし，そこへ至るゲーミングを開発しようとすると，制作者は，その要素と鍵を必ずゲーミングに内包しておかなければならない．例えば，イスラエルとその周辺国との間の中東紛争の根本的原因はヨルダン川水系の水資源問題であるとの議論がある（川名，2014：97-106）．しかし現在，中東問題はヨルダン川水系域外にまで拡大し，さらには民族や宗教，核開発をはじめとする軍拡といった諸問題にまで及んでおり，もはや水資源問題だけでゲーミング内容を収斂させることは不可能といえる．同様のことは，ヨルダン川水系の問題だけでなく，世界中多くの水紛争においても見られる．したがって，水紛争ゲーミングの「場」の抽象化は，その種々のケースに応じて，新しいゲーミングを開発しなければならない煩雑さから解放される方策の1つでもある．しかしそれによって，ディブリーフィング時の学習者の気付きへの範囲が限定的となるという大きな課題を抱えることはあらためて強調しておく．

3　実際に「場」を創造してみる

水紛争の原因となる河川紛争では，基本的に上流が優位となる．例えば現在，コロラド川は，アメリカ南西部諸都市の過剰水利によって，メキシコ領の下流域ではほとんど水量がなくなっている．またメコン川でも最上流に位置する中国は，活発な水利開発を行っている（川名，2012：531-534）．しかしナイル川の事例では，源流とされるビクトリア湖を囲むケニアやウガンダ，タンザニアよりも，エチオピア，スーダン，そしてエジプトと下流に位置する国ほど国力が

大きく，下流国が国力を背景に上流国の水利開発に対して圧力をかけている．また米カリフォルニア州ロサンゼルス市は流域自治体ではないにもかかわらず，数百キロ離れたサクラメント川やコロラド川から水路で水を引くなど，大きな水利権と発言権を保有している．「水は上流から下流へ流れるだけでなく，金のある方に流れていく」とは水紛争の格言であるが，水紛争をシミュレートす

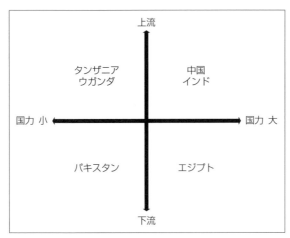

図4-1　インダス川とナイル川を基にした河川地理と国
　　　　力の類型モデル

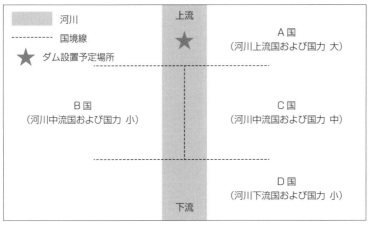

図4-2　河川類型モデルを基にしたゲーミング上の架空地図

る際には，上流・下流の地理性とともに，国力や経済力にも注視しなければならない．したがってここで，上流〜下流の地理性と国力を基準として組み合わせた類型モデルが浮かび上がる．インダス川やナイル川を例とした場合，その類型モデルは，図4-1のようになる．さらにその類型モデルを地図として作り変えると，図4-2のようなゲーミングの「場」としての架空地図が出来上がる．このように類型モデルからゲーミングの「場」を設計することは，ゲーミング作成にとって大きな一助となるのだ．

トピック
水資源開発をめぐる考え方

　現在，国家の水資源開発をめぐる国際原則は，2014年の国際水路非航行利用条約の発効にともなって重大な時局を迎えている．本文での説明通り，当該条約においては「衡平利用原則」と「損害防止原則」という河川水資源開発に関して上流国と下流国の双方に配慮した考えを有している．そもそもこれまでに国家の水資源開発に関する権利には，いくつかの説がある．1つめは，「絶対的領域主権説」である．この説は，国家領土内であれば水源開発を当該国家は自由に行えるというものであり，国土にかかる領域に関して国家の開発主権を大いに認めたものである．この説は「ハーモン・ドクトリン」とも呼ばれる．これは，19世紀後半にリオ・グランデ川の水利をめぐってメキシコと対立していた当時のアメリカの司法長官であったジャドソン・ハーモンが，当該河川の開発に関して自国主権の絶対性を主張したことによる．この原則は，河川においては上流国家が，地下水においてはその範囲を領土として相対的に多く占める国家がより優位な水量を確保することができてしまうが故に，より広域の水源供給地を占める者，又は河川上流に位置する者が強く主張する傾向を持つ説である．そして2つめとして，この絶対的主権領域説の対極に位置する，「領土保全説」である．この説は，上流国は下流国の質・量とも十分な水供給を受ける権利を妨げてはならないとする考え方で，国際河川における下流国に支持されやすい説である．そして3つめの説は，先の2つの説の折衷といえる「限定的領域主権説」である．この説は，自国領土内の水源開発に関する主権を認めながらも，その開発は他の下流域国にも配慮したものに制限されるというものである．また，「水の共同体管理」との

考え方もあり，これは河川流域国が協力し，一体して水源の利用と管理を行っていくという極めて理想主義的な考え方である（井上，2005：41-52）

　このように水資源開発をめぐってさまざまな考え方があるが，国家は自国にとって最大限有利となる説を採用するというのが今日の現実である．そして国際水路非航行利用条約の衡平利用原則においても，その解釈について国際的に一定の見解の一致をみておらず，実際の紛争解決への適用は依然難しいとされる．そのため，実際の今日の水利用に関する国際規則は，各地域にある協定や条約に委ねられている状況にある（波多野，2012：193-208）．

4　アクターとルールの設定

1　ゲーミングの「ルール」の設定

　水紛争におけるステークホルダーの政治目的を突き詰めれば，それは水利開発権の行使，利用水量と発言権の確保に収斂する．したがって，ゲーミング上のアクターの最終目標をそれぞれ水利開発の実施と水量確保を狙った発言権の獲得においた外交交渉ゲーミングとするのが無難である．このような政治目的の単純化及び明確化は，プレイヤーのゲーミングに対する理解を深化させるとともに，ゲーム進行の円滑化を企図するものである．

　くわえて，このゲーミングのアクターの行為手段は，基本的に交渉と経済支援／制裁である．国家を主要アクターとみなす国際政治では，政治目的を達成する手段としては，時として軍事力の行使も含まれる．だが当該ゲーミングでは，国際政治ゲーミングで陥りがちな手段としての「軍事力の行使」及び「戦争」の局面をあえて排除する．その理由は，プレイヤーの駆け込み的ないしは刹那的な武力行使の防止にある．国際政治ゲーミングを実施した際にとりわけ陥るのは，ゲーミング上で敗北を悟ったプレイヤーが刹那的に，または相対的な劣勢を覆そうと一種の賭けとして，他者へのダメージを狙って武力行使を企図することであり，そしてそれは往々にして実行に移されてしまう（宮脇，2004：115-133）．この行為はゲーミングと現実の乖離を極めて大きくさせる．とりわけ，水問題を主要因とした大規模国家間戦争はほとんどないとの説がある

なかで，武力行使はさらなる現実との乖離をもたらすものに他ならない．しかも先にも述べた通り，水紛争は，国家間レベルだけでなく，合法的な正規の軍事力を保有することが珍しいサブナショナル・アクター間レベルにおいても発生する．軍事力の行使という選択肢をあえてゲームから排除することは，ゲーミングを国家間レベルにも地方自治体などサブ・ナショナル間レベルにも援用・成立可能にさせ，水紛争の性質を維持することにも寄与する．さらに戦争カードの排除は，プレイヤーに対して外交交渉を最後まで粘り強く行うことの重要性を意識させることにも役立つであろう．ただし，何の外交資源もなく外交交渉を成立させることは当然不可能である．したがってこのゲーミングでは，国家アクターに経済援助及び経済制裁カードを用意した．これを用いることによって，他国アクターに対して交渉の成立を促すのである．

　このように，本章で提示する水紛争ゲーミングは，上流〜下流という「地理」と，交渉を優位に進める資源を生産する「国力」「経済力」という相関関係へと焦点を絞った簡素性を持ちえている．

2　シナリオとアクターの設定

　ゲーミングのシナリオは，極めて簡素なものとした．国際河川流域国間の水資源開発と水量の確保をめぐる紛争である．このゲーミングでのアクターはすべて国家（A国，B国，C国，D国）で，全部で4カ国である．そしてゲーミングの進行役の司会を含めると，このゲーミングは最少5人で実施可能としている．これは，多数のアクターを内包するゲーミングに対して多数の学生がプレイヤーとして参加した場合に起こりがちな，無気力なプレイヤーの発生を抑止するためである．この点は同時に，当該ゲーミングのアクターを国家だけにした理由でもある．今日，国際政治において非政府組織の役割は拡大しているけれども，国家の権能と比較するとやはりまだできることは限定的である．そして非国家アクターをゲーミングに登場させた場合，この権能の少なさがプレイヤーをゲーミングに対して消極的にしてしまう．それゆえに，参加者が多数になる場合には，5人ずつのゲーミング実施の「島（グループ）」を複数作り，各々の「島」が同時にゲーミングをプレイするなどして，プレイヤーたる学生のゲーミングでの落伍を徹底して抑止する方向を模索することが望ましい．

ゲーミング・シナリオは，次のようなものである．

「4カ国河川物語」

　ある国際河川がある．この国際河川はＡ国内を源流とし，Ｂ国とＣ国の国境を流れ，Ｄ国を通過し大海へと至る．この河川は，4つの国の水利権に絡むが故に，これまで大規模な水利開発がなされてこなかった．しかし近年，Ａ国が急激な経済発展を遂げたことから，国内電力需要と水需要が既存の供給量のままでは追い付かず，ついに自国領内での当該河川の水利開発の実施を決定した．つまりそれは，水力発電と生活産業用水の確保を企図した多目的ダムの建設である．Ａ国のこの動きに対し，一番に反対したのはＣ国であった．なぜならＣ国は，当該河川の大規模な利水開発を流域国家間対立への懸念から長らく自重してきたからである．もし，Ｃ国が大規模灌漑開発を行えば，この地点より下流のＢ国とＤ国へ至る河川水量が低下し，下流域での利水が今より困難になる．とりわけＣ国はＢ国とは敵対していたものの，Ｄ国とは長年友好関係を築いていた．Ａ国の河川開発の動きには，Ｃ国だけでなく，Ｂ国とＤ国も当該河川に生活産業用水を依存しているために基本的に反対である．最上流国のＡ国でダムが建設されれば，下流にある自国内への流量が減ることは明白である．だが，Ｂ国は，近年，Ｃ国との対立関係からＡ国との間で友好関係を築いてきたため，このＡ国のダム開発問題への対応は慎重にならざるを得なかった．さらにＢ国とＣ国はお互い対岸に位置するために長年水利権をめぐって争っている．そしてＣ国は，この河川流域地域での政治的発言権を高める機会を常日頃からうかがっていた．このような状況からダム開発問題は混沌としていく．

3　アクターの秘密目標・秘密制約の設定

　ゲーミングのダイナミズムのため，各アクターにはそれぞれの利害に応じた，「秘密目標」と「秘密制約」を定めた．「秘密目標」には点数が決められ，それを達成すると設定点数を獲得でき，ゲーム終了後，その合計が勝利ポイントと

なる．「秘密制約」に関しては，各アクターは必ずこれを守らなければならず，そしてこれら「目標」と「制約」は決して他のアクターに漏らしてはいけない設定としている．

　当該ゲーミングの鍵となるのは上流国であり，国力の大きいＡ国である．それに対する残り３カ国の政治的動きが，当該水紛争ゲーミングの大きな流れとなる．したがって，Ａ国は自国領内でのダム開発への他国の承認を得ることが最大の目標となる．そのため，まずＡ国から秘密目標・制約を作成していくことがより容易であろう．ゲーミングにおけるＡ国の秘密目標・制約，及び目標を達成した場合の得点は以下のように設定した．

Ａ国（河川上流国：国力　大）

秘密制約

・ゲーミング前半（Rd.4まで）は「多国間委員会」を設置させないように動く．
　ただし，設置されたのちは参加するもしないのも自由とする．

秘密目標

・「多国間委員会」設置の場合，Rd.4までに設置は−５点，Rd.4以降の設置は
　−３点とする．
・他の３カ国のうち２カ国からＡ国内におけるダム建設の支持表明が出された
　場合（多国間委員会設置無しの場合）は７点．
（「多国間委員会」で表明がなされた場合，下記に記した「声明」か「決議」かの表明がなされた方式の点数が加算される．）
（他の３カ国のうち１カ国からＡ国内におけるダム建設の支持表明の場合は，６点）
・他の３カ国のうち２カ国からLV.2以上の制裁が課される　−５点
・ゲームの最後まで「多国間委員会」の設置がなければ　５点
・Ｂ国への資金援助　２点
・Ｃ国orＤ国への資金援助　２点（どちらか１カ国のみ）

「多国間委員会」
委員会内で「決議」は出席者全員一致を必要とする．「声明」は過半数，つまり４カ国参加のときは３カ国，３カ国参加のときは２カ国の賛成が必要である．

・A国のダム建設支持の「決議」が出た場合は，　　15点
・A国のダム建設支持の「声明」が出た場合は，　　10点
・A国のダム建設反対の「声明」が出た場合は，　－10点
・A国のダム建設反対の「決議」が出た場合は，　－15点

　今回，A国に興味深い制約を課している．それは，「多国間委員会」設置への消極性である．この発想は，今日の中国やロシアをヒントにしている．この両国は，他国や国際社会の規範に従うことを好まない傾向にある．今回のA国の得点設定は多国間委員会の設置に対してマイナス点としたが，実は委員会でダム建設の賛成を得られれば，そのマイナス点を帳消しにするほどの大量点を得られる設定とした．すなわち，国際社会の合意形成に成功した場合には，大量点を獲得できるようにゲーミング設計したのである．

　それでは，残り3つの国家アクターの秘密目標・制約，そして得点設定を以下に紹介する．

B国（河川中域国：国力 小）

秘密制約

・「多国間委員会」の設置を目指す．
・ゲーム中にどこかで1度はLV.1以上の制裁を課す．ただし，どの国に課すかは自由である．

秘密目標

・A国からB国への資金援助　6点
・多国間委員会の設置　5点
・A国とD国両方からC国内での大規模灌漑開発への支持表明　－2点
（A国とD国どちらか一方だけC国内での大規模灌漑開発への支持表明の場合　－1点）
・C国からD国への食糧輸出は，－2点とする．
・他国にLV.1以上の制裁を課した場合は，3点とする．
・他国から制裁LV.3の断交が課された場合は，－2点とする．ただし，課した国家が複数の場合は，その国家数分をかける．例えば，2カ国から「断交」を課された場合は，－2×2＝－4点となる．

「多国間委員会」

委員会内で「決議」は出席者全員一致を必要とする．「声明」は過半数，つまり4カ国参加のときは3カ国，3カ国参加のときは2カ国の賛成が必要である．

・多国間委員会で何らかの「声明」が出た場合は，3点とする．

・多国間委員会で何らかの「決議」が出た場合は，6点とする．

C国　（河川中域国：国力　中）

秘密制約

・Rd.1でA国の対抗としてC国内で国際河川を利用する大規模灌漑開発計画を発表する．

・ゲーム中に必ずLV.1以上の制裁をA国に課す．

秘密目標

・他3カ国のうち2カ国からC国内で大規模灌漑開発の支持表明が得られた場合（多国間委員会でない場合）　7点

（「多国間委員会」で表明がなされた場合，下記に記した「声明」か「決議」かの表明がなされた方式の点数が加算される．）

（他3カ国のうち1カ国からC国内で灌漑開発支持表明の場合は4点）

・「政策発表フェーズ」で他のB国とD国双方からA国内ダム建設の支持表明が出された場合　−6点

（「政策発表フェーズ」で他のB国とD国どちらか1カ国からA国内ダム建設の支持表明が出された場合，　−4点）

・B国ないしはD国のどちらかの国がLV.2以上の制裁をA国に課す　6点

（C国単独でのLV.2以上の制裁の場合，4点）

・C国がA国へLV.1の制裁を課す　2点

・D国への食糧支援輸出　2点

・A国からの資金援助　2点

「多国間委員会」

委員会内で「決議」は出席者全員一致を必要とする．「声明」は過半数，つまり4カ国参加のときは3カ国，3カ国参加のときは2カ国の賛成が必要である．

・C国の大規模灌漑開発への支持の「決議」が出た場合は，　13点
・C国の大規模灌漑開発への支持の「声明」が出た場合は，　9点
・C国の大規模灌漑開発への反対の「決議」が出た場合は，　−8点
・C国の大規模灌漑開発への反対の「声明」が出た場合は，　−6点

D国（河川下流国：国力 小）

秘密制約

・「多国間委員会」の設置を目指す.
・A国のダム建設を支持する場合，Rd.4 まで正式表明してはならない（正式発表は Rd.5 以降）.

秘密目標

・「多国間員会」の設置.　5点
・A国からD国への資金援助　4点
・C国からD国への食糧支援　4点
・他国から自国に制裁（LV.1 以上）を課される　−4点

「多国間委員会」

委員会内で「決議」は出席者全員一致を必要とする.「声明」は過半数，つまり4カ国参加のときは3カ国，3カ国参加のときは2カ国の賛成が必要である.
・多国間委員会で何らかの「声明」が出た場合，　3点
・多国間委員会で何らかの「決議」が出た場合，　6点

　制約を見ての通り，A国のダム建設に対して残り3カ国は中立か反対である. しかしここで重要なのは，B国とD国は経済援助を受けることによって得点を得られる設計としたこととともに，その両国が，多国間委員会の設置に積極的になるように，その設置の場合の得点を高めに設定していることである. すなわちB国とD国は，経済援助を得るためには，A国の多国間委員会設置への消極性に乗らなければならないが，各々の秘密目標としては委員会設置を目指すという二重の外交方針を取る必要が生じる. まさにこれは，「小国の外交」といえるものである.

5 ゲーミングの進行と諸設定

1　ゲーミングの進行

　ゲーミングの進行は，「戦略フェーズ」（3分間），「交渉フェーズ」（3分間），「政策発表フェーズ」を設定し，それを1ラウンドとした．ラウンドは8ラウンドまで続け，第8ラウンドが終了した時点で設定目標をクリアし，点数を最も多く獲得したアクターが勝者となる仕組みである．「戦略フェーズ」は，各アクター内のプレイヤー間で当該ラウンドの交渉目標等を考え話し合う．仮にアクターを1人で担当している場合は，以降の自身の戦略を練る．「交渉フェーズ」では，各アクター間で自由に交渉できる．この「交渉フェーズ」の後に「政策発表フェーズ」が行われ，各アクターは交渉の結果や他のアクターに対する声明など自由に発することができる．「多国間委員会」が設置された場合は，「特別交渉フェーズ」が発生し，各ラウンドの「交渉フェーズ」の後に行う．LV.3の制裁「断交」が発動した場合，その断交した国に対して「交渉フェーズ」において交渉を行うことはできない．ただし，「特別交渉フェーズ」の多国間委員会内では交渉可能とした．

2　アクターの手段

　ゲーミングにおけるアクターの手段には，「経済支援」と「制裁」がある．これを国家間で取引することで，各アクターは，各々の目的達成を狙う．

経済支援

　ゲーム中に国家間で経済支援の取引を結ぶことができる．政策発表で両者が取引内容と正式合意に至ったことを言及することで，司会は取引が行われたと判断する．両者の合意を得ずに，片方が勝手に取引成立を発表しても取引は認められない．またA国は大国であるが故，B国への資金援助だけでなく，C国ないしはD国どちらかに対する資金援助も同時に行うことができる．被援助国は，経済支援を受けると得点を得られ，対して援助国は自国への賛意を得るように努めることとした．

・A国とB国間―A国からB国への資金援助

・C国とD国間―C国からD国への食糧支援

・A国とC国 or D国間―A国からC国 or D国どちらかへの資金援助

制裁

　A国，B国，C国，D国の各国はそれぞれ他の国に対してLV.1～LV.3までの「制裁」を行うことができることとした．制裁の発表は「政策発表フェーズ」で行う．制裁のレベルには段階があり，LV.1の制裁を発動していない状態でLV.2の制裁を行うことはできないこととした．しかし，一度に複数の制裁を行うこと，すなわち，LV.1とLV.2の同時実施，LV.1制裁実施下でのLV.2とLV.3の同時実施，LV.3までの全制裁を同時に実施などは可能とした．つまり，最終ラウンドで駆け込み的な制裁カードの発動の可能性がある．制裁を解除することも各国の自由であるが，解除したレベル以上の制裁はその後のラウンドで二度と行うことができないこととした．例えば，LV.1の制裁を解除した場合，その後のラウンドでLV.1～LV.3のすべての制裁を行うことができなくなる．

　　制裁のレベル

　・LV.1　金融制裁

　・LV.2　貿易の全面停止

　・LV.3　断交（外交関係の断絶）

特別交渉フェーズ

　当該ゲーミングで大きな意味を持つのが，「多国間委員会」の設置である．多国間委員会が設置されたときに「特別交渉フェーズ」が発動する．多国間委員会が設置された後は各ラウンドごとに開催される．多国間委員会の設置は，政策発表フェーズにおいて，4カ国のうち3カ国から委員会設置承認の声明が出されることを条件とし，要件を満たした次のラウンドから開催されることとした．3カ国の承認で設置された場合の残り1カ国は遅れて参加することができるが，その参加は参加表明の次のラウンドからである．委員会内での「決議」は出席者全員一致を必要とする．「声明」は過半数，つまり4カ国参加の

ときは3カ国, 3カ国参加のときは2カ国の賛成が必要であるとの設定とした.

6 ゲーミングの実施

1 ゲーミングの実施内容

　筆者が開発した水紛争ゲーミングは, 2015年2月に立命館大学政策科学部宮脇ゼミにおいて, そして2017年7月に京都府立大学公共政策学部での講義のなかで実施された. 司会はゲーミング開発者である筆者が担当し, 開始から計8ラウンドまで終えるのに立命館大と京都府立大の双方ともおよそ100分の時間を要した. その後のディブリーフィング時間も含めるとおよそ2時間で終えることができた. 立命館大でのゲーミングでは, 1国家アクターにつき5名ないしは6名の学生で担当し, 京都府立大でのゲーミングは1国家アクターにつき1名ないしは2名の学生で担当した. 京都府立大でのゲーミングを見るかぎり, 1国家アクターを1名の担当でのプレイも十分に機能しえた. したがって開発段階で想定した通り, ゲーミングの実施は司会も入れて, 最少5名から可能であった.

　ゲーミングに際して, 国家アクター間で筆記交渉を行うことを用途とした所定の紙（色付きが望ましい）を用意した. またこれに加え, シナリオとルール概要のペーパーを立命館大でのプレイではゲーミング実施日当日に, 京都府立大では実施日の1週間前に配布した. 上記のみの準備でゲーミングはほぼ達成できた. ただし司会に関しては, ゲーミングのルール及び経済援助／制裁の実施状況を管理・把握するため, それに応えられる能力とルールへの理解が必要となる. したがって司会は教員が担当することが望ましいであろう.

　ゲーミングの結果に関して, 立命館大で実施のゲーミングでは, C国（中流域国, 国力：中）が勝利し, A国（上流国, 国力：大）が点数最下位となった. 京都府立大でのゲーミングでは, なんとD国（下流国, 国力：小）が勝利し, C国が点数最下位となった. 拙稿「ゲーミング＆シミュレーションの開発・制作を通した国際公共政策の理解」では立命館大での実施内容に触れているが, そこでは, C国の外交的積極性とA国の消極性が勝負の明暗を分けたと評価した（近藤・玉井・宮脇, 2016：237-240）. しかしこれより後に実施された京都府立大で

のゲーミングは，さらに興味深い内容を得ることに成功した．それは，小国D
の戦略的重要性である．京都府立大でのゲーミングではD国が勝利したが，そ
の勝利の要因は，「説得」と「裏切り」であった．京都府立大におけるゲーミ
ングでの小国Dは，ゲーミング開始から多国間委員会の設置などC国との協調
路線を取ることによって，まずC国からの援助を引き出すことに成功した．こ
こまでは筆者の予測の範囲であったが，Rd.5以降，小国Dは大胆な戦略を取
り始めた．多国間委員会の設置を嫌がる大国Aに対し，小国Dは設置後の委員
会での大国Aのダム建設への賛成を約束したのである．そしてその密約に従い，
大国Aは多国間委員会の設置に賛成し，4カ国全部の参加に至ると，次に小国
Dは多国間委員会の設置後のRd.6に，「問題を平和裏に外交交渉で解決する」
との決議案を委員会において提出し，残り3カ国の賛成を経て，「平和決議」
として採択させた．そして運命のRd.7，大国Aはダム建設推進案を多国間委
員会に提出し，A・B・D国の賛成によって「A国ダム建設賛意声明」を出す
ことに成功した．その後，小国Dは，多国間委員会での賛成への見返りとして，
大国Aからも援助を引き出すことにも成功した．すなわち，京都府立大におけ
るゲーミングでの小国Dは，「ダム建設への賛意はRd.5以降に」という秘密制
約目標を巧妙に利用し，大国AとC国の両方から援助を引き出すことに成功す
るとともに，委員会の設置と委員会での決議・声明といった得点のすべてを獲
得したのだ．立命館大でのゲーミングの小国Dは，小国間連合に前向きで，か
つC国からの要請に従順であった．これに対して京都府立大でのゲーミングの
小国Dは，大国Aを説得し密約を交わすことで，このゲーミングのキャスティ
ングボートを握ったのである．この対比結果は，極めて興味深い．開発者の予
測に反したこのような外交戦術を学生が見せてくれたことは，ゲーミング開発
における大きな醍醐味といえた．このような仮想外交戦術の一面だけでも，こ
のゲーミングは極めて成功であったといえるだろう．

2　ディブリーフィング

　ゲーミング後のディブリーフィングでは，学生からさまざまな感想や反省の
声が発せられた．立命館大でのゲーミング後の感想では，大国Aを担当した学
生の「協調すれば点数が得られることは分かっているが，小国にコントロール

される不安から協調路線に後ろ向きとなってしまった」とのコメントが興味深かった．京都府立大でのゲーミングでは，C国を担当した学生から「小国Dがまさか裏切ってくるとは……そして大国Aと密約を交わすとは……．」とのコメントはまさにこのゲーミング内容の正直な感想であった．

　ここで筆者は，国際水路非航行利用条約の発効をめぐる問題と国際政治における小国外交，とりわけ国際水路非航行利用条約における衡平利用原則と損害防止原則という崇高な理念が結果として上流国と下流国でそれぞれの不信を増幅させている状況，そして大国が国際政治において単独主義に陥る傾向について学生にレクチャーを行った（鈴木，1988／宮脇，2017：36-51）．これに対して学生側は，国際政治における小国への認識の改善，そしてそのダイナミズムへの可能性について理解したようであった．また，このゲーミングで表現されていない「戦争」に関して，「なぜ軍事力を行使できない設定なのか」との学生のコメントも出た．これに関しては，水危機に関してそれを緩和するシステムや技術の存在，とりわけヴァーチャル・ウォーターによる水の輸出入や海水淡水化技術とそのグローバルな展開について学生にレクチャーし，それが大規模戦争の回避につながりうることを指摘した．

　学生からの評価としては，おおむね良好な反応を得たといえる．とりわけ，「水を資源とする国際政治を考えたことがなかったから，良い経験になった」との声には，ゲーミング開発の一定の意義を得たと確信した．

7　「場」の架空ゲーミングの評価

　このゲーミングの開発は成功であった．その理由として以下が挙げられる．

> ① ゲーミング開発は，「場」の創造やルール作成，得点設定など含めて，4時間ほどで完成した．
>
> ② プレイヤーたる学生へのゲーミングに関する事前の詳細なレクチャーを必要としなかった．
>
> ③ 実施においては，ルール上破綻なく最終ラウンドまで完了した．
>
> ④ 筆者が観察したかぎり，ゲーミングに対して無気力かつ傍観的な学生

を出さなかった.

⑤ プレイヤーたる学生は, 現実のバイアスにとらわれず, 創造的な仮想
外交交渉を行った.

⑥ ディブリーフィングにおいて, ゲーミング開発で想定した大国の単独
行動主義, そして武力行使の非設定に関する疑問が学生から投げかけ
られた.

　このうち①に関しては, 筆者が長年, 宮脇研究室でゲーミング開発を実践し
てきたことから, ゲーミング・シミュレーションのイメージを持ち, 開発し易
かった要因もあるかもしれない. ただ, 現実事例に則したゲーミングならば,
開発者はその現実の事例に関して詳細に調査・分析をしたうえで開発に挑まね
ばならないが, その時間を抑制できたことは間違いない. また, ②の学生への
事前のレクチャーがほとんどなくゲーミングを実施しえたことは, 事前の準備
コストの抑制という意味で意義がある. 本来, 現実事例に則したゲーミングの
場合, かなり入念に対象事例に関する情報を学生に教えなければならない. こ
れに失敗すると, かなりの確率でゲーミングが進行しなくなる. またゲーミン
グ実施中に傍観者を出さないことは, ゲーミング中の教員の労力の抑制につな
がるとともにアクティブ・ラーニングにおいて理想ともいえる状況であろう.
その意味で, ゲーミングの開発コストの抑制は, その実施コストも含めて一定
の成果があった.

　しかし架空事例の水紛争ゲーミングを実際に開発し, 講義においてこれを実
践して分かったことは, 架空ゲーミングの利点が開発コストよりもプレイヤー
の現実バイアスの抑制の方が大きいということだった. そしてそこから得た大
きな収穫は, ゲーミングにおいて見せた学生たちによる外交戦略の高い創造性
である. 筆者はこれまでさまざまなゲーミング・シミュレーションを実践した
り観察したりしてきたが, 多くの場合, プレイヤーはゲーミングにおいて現実
世界のバイアスに少なからず影響される. 今回の水紛争ゲーミングにおいてそ
のバイアスの抑制につながったことは, 「場」の架空性の隠れた成果であった
ことを最後に強く指摘しておきたい.

注

1 ）その稀有な事例が，イスラエルとシリア間のゴラン高原をめぐる争いとされる．ゴラン高原は軍事的要衝である以外にも当地域の有力な水源地であるからである．

2 ）とりわけ近年，都市型の水紛争といえるものに水道事業の民営化がある．その有名な世界的事例として，ボリビアのコチャバンバ水紛争が挙げられる．

参考文献

バーロウ，M. 著，佐久間智子訳（2008）『ウォーター・ビジネス 世界の水資源・水道民営化・水処理技術・ボトルウォーターをめぐる壮絶な戦い』作品社．

ビーチ，H. L.，J. ハムナー，J. J. ヒューイットほか著，池座剛・寺村ミシェル訳（2003）『国際水紛争事典 流域別データ分析と解決策』アサヒビール．

波多野英治（2012）「水資源を巡る国際法の進展と課題」環境法政策学会編『公害・環境紛争処理の変容：その実態と課題』商事法務．

平野秀樹・安田喜憲（2012）『奪われる日本の森 外資が水資源を狙っている』新潮社．

井上秀典（2005）「国際水環境紛争における衡平な利用原則の検討」『人間開発論集』6(1)，pp. 41-52．

カプラン，R. D. 著，櫻井祐子訳（2014）『地政学の逆襲』朝日新聞出版．

川名英之（2014）『世界の環境問題　第9巻中東・アフリカ』緑風出版．

川名英之（2012）『世界の環境問題　第8巻アジア・オセアニア』緑風出版．

近藤敦・玉井良尚・宮脇昇（2016）「ゲーミング＆シミュレーションの開発・制作を通した国際公共政策の理解」『政策科学』23巻4号，pp. 229-245．

松井芳郎（2010）『国際環境法の基本原則』東信堂．

宮脇昇（2017）「『新フィンランド化』試論：モンゴルの中立外交政策」『地域情報研究：立命館大学地域情報研究所紀要』(6)，pp. 36-51．

宮脇昇（2004）「『駆け込み戦争』は防げるか？ 国際政治のシミュレーションの課題」『松山大学論集』15巻6号，pp. 115-133．

西舘康平（2017）『現代エジプト政治 ナイル川最下流に位置する国の水資源獲得の行方』秀麗出版．

シヴァ，V. 著，神尾賢二訳（2003）『ウォーター・ウォーズ 水の私有化，汚染そして利益をめぐって』緑風出版．

鈴木佑司（1988）『東南アジアの危機の構造　新版』勁草書房．

鳥谷部壌（2015）「国際水路非航行利用条約発効と今後の課題」『環境管理』51(1)，産業環境管理協会，pp. 44-49．

塚谷恒雄（1997）『環境科学の基本：新しいパラダイムは生まれるか』化学同人．

参考ホームページ

〈https://ir.library.osaka-u.ac.jp/repo/ouka/all/58825/EM_51_1_44.pdf〉（最終アクセス
　2018 年 2 月 1 日）.

第 5 章
地方自治のゲーミング

窪田好男

イッタイコレわナニヲしみゅれーとシテイルノデスカ!?（高梨俊一）

1　この分野の特徴

　本章では地方自治のゲーミングに注目して，この分野における主要なゲーム
を紹介するとともに，大学の授業や地方自治体の行政職員研修における実施方
法を紹介し，得られた学習効果・能力開発について評価を試みる．地方自治の
ゲーミングとは，地方自治やそれに関わる公共政策を題材とするゲーミングで
あり，それらの管理の改善や担い手の育成・能力向上に役立つことが期待され
る．地方自治のゲーミングについては，一方では，研究の蓄積が乏しく，国際
政治分野等の他分野との研究交流も十分でなかったのが実状であり，他方では，
ボードゲームやカードゲームといった形式を取るものが多いという特徴がある．
国際政治のアクターである国家と異なり，地方自治における行政以外のアク
ターは公的な情報が乏しく，それが国際政治で一般的なゲーミングに適さない
理由の1つと考えられる．地方自治のゲーミングで使用されているボードゲー
ムやカードゲームには，商業的に出版されているものもあれば，教育目的で製
作されているものもある．他分野のゲーミングと同様にシミュレーションゲー
ムという側面もあればロールプレイングゲームという側面もある．具体的な
ゲームとしては，『京丹後市議会議員すごろく 2010』，『NPO GAME』などの
ボードゲーム，カードゲームの『政治家の決断』，『カードゲーム公共政策学』
などについて内容を紹介するとともに，大学の授業や行政における職員研修に

おいてどのように利用されているかを紹介する．

　地方自治のゲーミング実施にあたっては以下の点に留意する必要がある．地方自治のゲーミングとは地方自治のシミュレーションであり，地方自治を舞台とするロールプレイングであり，その目的は再現と体験と楽しみと学びであって優劣はないが，あえて言えば，教育現場で活用するなら学びの要素が重要であり，弊害が少ないことも重要である．また，シミュレーションゲームやロールプレイングゲームの限界として全てを完全に再現することはできないので，何を再現するかの取捨選択が重要であり，再現できなかったことをどう教えるかも重要である．また，ゲーミングであるから，プレイングだけでなく，終了後のデブリーフィングにおける共有も重要である．さらに，授業における使用を考えると，それに由来するさまざまな制約があることがわかる．2時限連続授業など工夫の余地はあるものの，授業時間内に趣旨説明，ルールの説明，プレイング，振り返りなどがおさまること，あるいは複数回の授業に対応できるよう，中断が可能なようにデザインすることなどである．一方で，ゲーミングを通じた学びは授業に限られるものではないはずである．授業時間外に学生が，あるいは学生同士が自主的に遊びたくなるような，それでいて学びになるようなゲーミングを用意することも可能であり，重要であろう．

2　地方自治のボードゲームとそのゲーミング

1　『京丹後市議会議員すごろく 2010』と『NPO GAME 1st stage』

　地方自治に関しては少数ながらボードゲームが出版され大学教育や行政職員研修にも利用されている．ここではそうしたゲームの中から『京丹後市議会議員すごろく 2010』と『NPO GAME 1st stage ver.2』を紹介する．

　『京丹後市議会議員すごろく 2010』はボードゲームで，すごろくである．筆者のゼミが京丹後市議会の公認と協力を得て 2010 年度に作成した．図 5-1 に示したボードのほかに，ルールブックとコマ等をジップロックに封入し希望者に配布している．京丹後市は京都府の北端の丹後半島の多くを占める市であり，2004 年に 6 町が合併して誕生した．京丹後市議会の定数は 2010 年には 24 名であった．

図5-1　京丹後市議会議員すごろく2010

『京丹後市議会議員すごろく2010』は非常にシンプルなゲームであり，プレイヤーは自分の手順が来ると6面体サイコロ1個を振り，出目と同じ数だけマスを進む．プレイヤーの人数は特に制限はないが，多人数になると待ち時間が増えるとともに，終了までのプレイ時間も長くなる．マスはスタートとゴール以外に30マスある．その内24マスは議員のマスであり，京丹後市の旧6町を市役所（市議会）発着で時計回りに旅すると仮定し，各議員の住所の順に配置した．残る6マスは旧6町それぞれの特産品のマスとし，2マス進むとか，1回休みとか，スタートに戻るといったすごろく特有の特殊効果を与えている．議員のマスには顔写真の他に，キャッチコピー，所属会派，所属する委員会，何期目か，専業の議員であるか否か（兼業の場合はその職業），おおまかな住所，年齢が記載されている．ゲーム中，プレイヤーは自分のコマが止まったマスの議員について，これらの情報を読み上げ，感想等を一言コメントする．勝利条件はゴールに到着することであり，最初に到着したプレイヤーが勝利，以下2位，3位と順位がつく．

図 5-2　筆者の研究室における『NPO GAME 1st stage』を使用した授業風景

『京丹後市議会議員すごろく 2010』は一般的なすごろくなので，ルール説明にもほとんど時間はかからず，すぐにプレイを開始することができる．プレイもさくさく進む．平均的な出目の場合，1 人のプレイヤーは 11 回サイコロを振ればゴールに到着するが，プレイヤーの中には驚異の速度でゴールする者もいれば，ゴール直前でスタートへ戻るのマスを踏む者もおり，プレイはそれなりに盛り上がる．特定のプレイヤーがスタートへ戻るのマスを複数回踏むと，最後はそのプレイヤーのソロプレイとなってしまうが，サイコロを平均 11 回振ればゴールであり待ち時間もないので，彼・彼女の屈辱の時間はそう長くは続かない……はずである．

『NPO GAME 1st stage』は特定非営利活動法人テダスが制作し，販売しているボードゲームですごろくである．厚紙でできたパッケージに，ボードのほか，コマやサイコロや紙幣や記録シートなどが入っている．2017 年 6 月 20 日に販売が開始され，2018 年 11 月 1 日に ver.2 にアップデートされた．販売価格は 4800 円である．筆者は初版が発売されてすぐに購入してプレイしていたが，ver.2 の出版後，初版を ver.2 にアップデートするためのキットが無償で

送付されてきた．『NPO GAME 1st stage』のプレイ人数の目安は 3 〜 5 人であり，プレイ時間は 4 人の場合は約 90 分とされる．

　『NPO GAME 1st stage』についてホームページでは，「なにかやりたい！ 地域のために！　地球のために！と思ったひとが，仲間を集め，信頼を集め，団体を立ち上げ，共感を呼びながら事業を展開し，NPO 法人を取得して，人を雇用する，勇気と冒険のストーリーを疑似体験できるボードゲームです．」と説明し，このゲームのポイントとして，NPO の基礎が身につく，実例をもとにしたイベントでリアルに NPO を体感できる，NPO には信頼と共感とお金が重要なことが学べるといった点を列挙している．「自分でちゃんと壁にぶち当たりたい方は，絶対にプレイしないでください‼」と特記しているのも興味深い．

　『NPO GAME 1st stage』の基本は 81 マスからなるすごろくであるが，追加要素も多い．**図 5-3** は『NPO GAME 1st stage』の能力シートである．能力シートに示されているように，このゲームではゲーム中に得失する事業力，事務力，共感，信頼が重要である．NPO としての活動分野もゲーム中に決まるようになっており，それも事業力等の得失に影響する．また，法人格や表彰や経理ソフトといったアイテムも取り入れられている．勝敗や順位はゴールへの到着順だけで決定されるのではなく，獲得した共感値と信頼値とアイテム数の合計で決定される．

　デブリーフィングが振り返りという形でゲームシステムに取り入れられているのも特徴である．最も印象に残ったマスはどれか，その理由はということを各プレイヤーは能力シートに記述し，さらに全員で話し合う．

　地方自治に関するボードゲームはすごろくだけではない．**図 5-4** はやおよろズ[1]というグループが制作し，2014 年から販売しているボードゲームであり，「地方市長選挙シミュレーションボードゲーム」というキャッチコピーをホームページに掲げている．『MAYOR』のプレイ人数は 3 〜 7 名であり，各プレイヤーは候補者，家族，選対本部長，演説会担当，街宣担当，電話作戦担当，広報担当のいずれかになりきり，自分の役割の中でできる選挙活動を行いながら 7 日間の選挙を行い，5 つの地区の支持率を上げ，過半数の票を得られれば市長当選というシミュレーションゲームである．勝敗は市長の当落で決定され

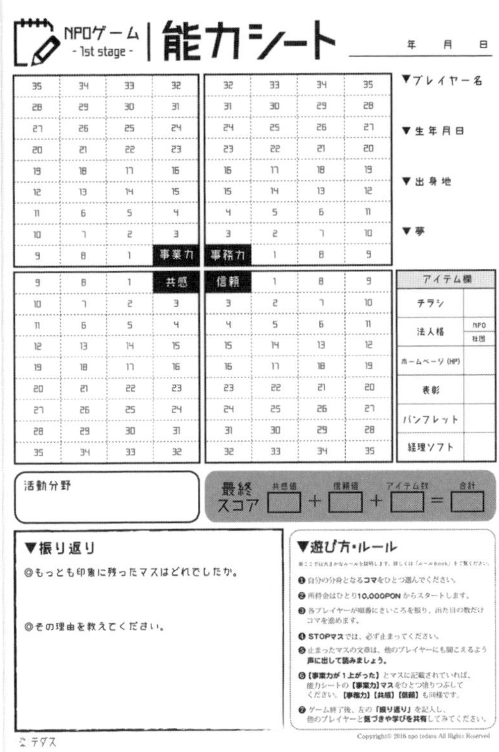

図 5-3　『NPO GAME 1st stage』の能力シート
（出所）特定非営利活動法人テダス HP.

る．プレイ時間は約 60〜90 分とされる．

　地方自治に関するボードゲームには，政治行政のアクターや過程をテーマとするものだけではなく，公共政策をテーマとするものもある．詳細な説明は割愛するが震災復興をテーマとするボードシミュレーションゲーム『頑張ろう，日本』はその一例である．このゲームは電気通信大学非電源ゲーム研究会が 2011 年に制作し，ゲームマーケット 2011 で東日本大震災のチャリティー企画として頒布され，その後，同研究会のホームページで無料でダウンロードできるようになっているものである（電気通信大学非電源ゲーム研究会 HP）．

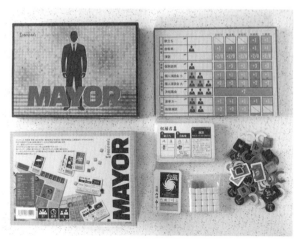

図5-4　『MAYOR』のコンポーネントとプレイ風景
（出所）やおよろズHP.

2　地方自治のボードゲームを使った大学の授業や行政職員研修における
ゲーミング

　地方自治のボードゲームを筆者は大学のゼミや大学院の従業など少人数の授業で使用している．大学院の授業なら数名，学部のゼミなら数名から10名程度が参加する90分の授業で，『京丹後市議会議員すごろく2010』なら2〜3

図 5-5　『NPO GAME 1st stage』を用いたイベント・研
修の様子

（出所）特定非営利活動法人テダス HP.

回プレイした上でデブリーフィングを行い，その上で別のゲームのプレイなり，別の議論なりワークを行う時間を持つことができる．一方で，『NPO GAME 1st stage』や『MAYOR』の場合は，1 回の授業のほぼ全てが費やされ，事前の説明やデブリーフィングを行う余裕がない場合や，授業時間を少々延長することが必要となる場合もある．

　多人数の授業や行政職員研修で使用できないわけではなく，特定非営利活動法人テダスは『NPO GAME 1st stage』を使用する研修・ゲームイベントを受け付けていて，現在までに 10 回以上の実施実績もあり，その中には大学の授業もあるという（特定非営利活動法人テダス HP）．図 5-5 は『NPO GAME 1st stage』を使った研修・ゲームイベントの様子である．市販のゲームを多人数の授業や研修やイベントで使用するには諸課題があると考えるが，必要な数をそろえるには費用がかさむことが大きいのではないだろうか．

　授業や研修で地方自治のボードゲームを使用する目的は，使用するゲームがシミュレートしている対象に興味を持たせたり，異なる角度からより深く理解させたりすることである．使用するゲームがロールプレイングとして成立している場合には，地方自治のアクターの視点の疑似体験を通じてアクターについ

ての理解が深まることなどが主要なものである.

　シミュレートしている対象に興味を持つというのは,『京丹後市議会議員す
ごろく 2010』をプレイすれば京丹後市の市議会議員や特産品に,『NPO
GAME 1st stage』をプレイすれば NPO に,『MAYOR』をプレイすれば地方
都市の市長選挙に興味を持ったり, 興味を深めたりするということである.
ゲームをプレイすることにより教科書や授業で学んだことを確認できたり, 新
たな視点を得たりできる. NPO の経営や選挙戦の具体的な詳細について, 座
学の授業で取り上げられることは少ない. ゲーミングでも全てを教えることは
難しいが, それらの一部を印象的な形で伝えることができる.

　他のテーマや形式のゲームと同様に, 地方自治のボードゲームでも, プレイ
ヤーの立場が現実の組織や人物のロールプレイングになっている場合もある.
『京丹後市議会議員すごろく 2010』にはロールプレイイングの要素はないが,
『NPO GAME 1st stage』と『MAYOR』はロールプレイイングの要素も持つ
ゲームの典型例である. ゲームがシミュレーションとロールプレイングの要素
を合わせ持つ場合, 擬似体験による学びも期待できる. NPO や市長選挙につ
いて, 学部生や大学院生は一般の市民の立場で見ることがほとんどであろうが,
『NPO GAME 1st stage』をプレイすれば NPO を主宰し経営する立場,
『MAYOR』であれば候補者であれ, 選対本部長であれ, 通常は経験しないよ
うな立場を擬似体験することになり, 擬似体験からとはいえ経験値を得たり,
気づきを得たりすることが期待できる. こうした効果は, これは実際にあるこ
とであるが, 地方政治経験者の大学院生を交えて『京丹後市議会議員すごろく
2010』や『MAYOR』をプレイする, NPO 経験者を交えて『NPO GAME 1st
stage』をプレイするというような場合, プレイ中の会話やプレイ後のデブ
リーフィングで有益な情報を得られる場合がある.

　なお, 筆者が大学院の授業や学部のゼミでゲームを使用するのは, 大学院生
や学生に公共政策学の教育手法としてのゲームの存在と可能性を知らせること,
そして大学院生や学生によるゲームの制作の意欲を引き出すという目的もある.
特に『京丹後市議会議員すごろく 2010』のようなシンプルで短時間でプレイ
できるゲームには, ゲームを使った教育・研修があるということを知らせ, こ
れくらいなら自分でも作れる, もっとよいゲームが作れると思わせる効果が期

待される.

3 地方自治のカードゲームとそのゲーミング

1 『カードゲーム公共政策学』

地方自治のゲームはボードゲームだけではない．カードゲームもある．ここでは筆者が制作し，大学の授業や行政職員研修で使用している『カードゲーム公共政策学』と『政治家の決断』という 2 つのカードゲームを紹介する．

『カードゲーム公共政策学』は 2011 年 2 月に筆者が制作し，現在も授業で使用しているカードゲームである．現在のところ，販売や配布は行っていないが，貸与やそれに伴うインストラクションを行っている．『カードゲーム公共政策学』は 54 枚のカードとルールブックからなる．一部のカードの内容がそれぞれ異なる『カードゲーム公共政策学 赤』と『カードゲーム公共政策学 青』があり，それぞれ単独でもプレイできるし，2 つのセットを合わせてプレイすることもできるようになっている．プレイ人数は，赤か青の 1 セットを使う場合，ルールでは 2 名以上としているが，4 〜 6 名程度が適当である．赤と青を合わせてプレイする場合のプレイ人数はこの倍になる．プレイ時間は約 30 分である．『カードゲーム公共政策学』はトランプとしても使用できるようにデザインされている．

『カードゲーム公共政策学』は，現実の政策過程をやや抽象的に再現するシミュレーション・ゲームである．プレイヤーは，手札を組み合わせることによってよりよい公共政策をつくり，ライバルたちとの競争に勝って政策決定を勝ち取ることを目指すゲームである．プレイを通じてよい公共政策とはどのようなものであるかということと，それがつくられる政策形成過程について学ぶことができる．よい公共政策とは何か，というのは公共政策学にとっての根本的な問いであるが，筆者はよい公共政策とは目的，調査，手法，実現の 4 要素がより多くそろっている公共政策であると考えている．『カードゲーム公共政策学』において，プレイヤーは他のプレイヤーよりもよい公共政策をつくり，その公共政策を実現することにより勝利する．

『カードゲーム公共政策学』の赤または青の 1 セットは 54 枚のカードからな

図5-6　『カードゲーム公共政策学』のカード（試作品の一部）

る．その内訳は以下の通りである．ビジョンカード（2枚），目的カード（10枚）調査カード（10枚），調査カード（10枚），手法カード（10枚），実行可能性カード（10枚），特殊カード（12枚）．赤と青は特殊カードの内容が異なっている．図5-6に例を示した．

　以下やや長くなるが，『カードゲーム公共政策学』のプレイの手順をルールブックから抜粋して説明する．『カードゲーム公共政策学』は，配られた手札を組み合わせて役をつくって場に出して強さを競い，手札がなくなったら上がりというタイプのゲームである．このゲームの勝敗の背後には理論があり，それは次のようなものである．『カードゲーム公共政策学』における勝利とは，自分の政策案が実現することであり，政策案の実現を巡って多様な主体によるアイディアの競争が行われ，最も優れたアイディアの政策案が実現することにより持続可能な社会の実現，社会の発展，市民の幸福が実現するというリンドブロム（Lindblom C. E.）のアイディアの競争論をシミュレートしている．

ルールセクション1：プレイの準備
　①輪になって座り，ジャンケンで親を決めます．負けたプレイヤーが親になります．『カードゲーム公共政策学』にはプレイヤーの政治的影響力という概念がありますが，親は最も政治的影響力が小さいプレイヤーになります．親から左回りに

図 5-7　筆者の研究室における『カードゲーム公共政策学』のプレイ風景

政治的影響力が大きくなっていきます．つまり親の右隣のプレイヤーの政治力が最も大きいわけです．

　②親はカードセットを，ビジョンカード（1 セットにつき 2 枚）とその他のカード（1 セットにつき 52 枚）に分けます．

　③親はビジョンカード以外のカードをよくシャッフルし，自分から配り始めて 52 枚を配り終えるまで 1 枚ずつ左回りに配ります.[2)]

　④政治的影響力が一番大きいプレイヤーは 2 枚のビジョンカードから好きなものを選び表向きにします．もう 1 枚は裏向けにして隣に置きます．表向きの方を「現在のビジョン」とします．

ルールセクション 2：プレイ開始

　プレイは以下のフェイズから構成される「ターン」を繰り返すことで進行します．

　①親から左回りに（政治的影響力が小さい順に）プレイします．

　・毎ターン，プレイヤーは「政策案を場に出す」「特殊カードで他のプレイヤーを妨害する」「特殊カードでイベントを起こす」のいずれかを行います（どれか 1 つを行わなければなりません）．いずれの場合も，使用するカードを裏向きにして自分の前に並べます．順番を守り，前のプレイヤーがカードを出し終えてから次のプレイヤーがカードを出さなくてはいなりません．

・「政策案を場に出す」場合：1人のプレイヤーがあるターンに出せる政策案は1つだけです．政策案は，目的カード，調査カード，手法カード，実行可能性カードの4種類のカードを組み合わせてつくります．目的，調査，手法，実行可能性の一部がない政策案を場に出すことはできますが，1つの政策案に複数の目的，調査，手法，実行可能性を含めることはできません．1つの政策案に0〜2枚の特殊カードをつけて強さを増すことができます．

※確認すると，プレイヤーが場に出す政策案は，1〜4枚の目的，調査，手法，実行可能性カード（重複不可）＋0〜2枚の特殊カードの合計1〜6枚のカードで構成されることになります．

・「特殊カードで他のプレイヤーを妨害する」場合：特殊カードの中には，他のプレイヤーの政策案につけることができると明記されているカードがあります．プレイヤーは他のプレイヤーの政策案につけることができるカードを1ターンに1枚だけ，誰か1人のプレイヤーへの妨害として使うことができます．

・「特殊カードでイベントを起こす」場合：特殊カードの中にはイベントカードと明記されたものがある．プレイヤーは1ターンに1枚だけイベントカードを使用できます．

②イベントフェイズ：

・全員がカードを裏向けて自分の前に出し終わったら，親は自分から始めて左回りに（政治的影響力が小さい順に），イベントカードを使用するか確認します．イベントカードを使用する場合，イベントカードを表に向けてイベントの発動を宣言し，そのカードの記述に従ってイベントの内容を解決します．誰もイベントを起こさない場合，このフェイズでは何も起きません．

③妨害フェイズ：

・イベントフェイズが終了すると，妨害フェイズに進みます．親は自分から始めて左回りに特殊カードで他のプレイヤーを妨害するか確認します．

・特殊カードで他のプレイヤーを妨害する場合，プレイヤーはそれを宣言し，特殊カードを表に向けて妨害したいプレイヤーの政策案に付けます[3]．

④政策競争フェイズ：

・妨害フェイズが終了すると，政策競争フェイズに進みます．その時点で場に裏向きで残っているカードは政策案だけです．親のかけ声[4]に合わせ，政策案を場に出しているプレイヤーは一斉に政策案を表に向け，後述する決め方に従って政策案の強さを比較し，一番強い政策案を決めます．

⑤管理フェイズ：

　・政策競争に勝った政策案（一番強かった政策案⁵⁾）を場の中央に移し，以後ゲーム終了まで，プレイヤー全員に見えるよう表向きに置いておきます．それ以外のカードでこのターンの各フェイズで使われたものは特殊カードも含めて親が全部合わせてシャッフルし，このターンの政策競争に勝ったプレイヤー以外の全てのプレイヤーに政治力が小さい順に無くなるまで 1 枚ずつ配布します．

　・このターンの政策競争に勝ったプレイヤーは手札が減りましたね．次のターンに進みます．

ルールセクション 3 ：勝利とゲームの終了

　・自分の手札を全て場に出すことができたプレイヤーは勝ち抜けます．最初に勝ち抜けたプレイヤーが勝者，最後に残ったプレイヤーが敗者ですが，勝ち抜けた順に 1 位，2 位というように，順位で勝敗を競うこともできます．

　・親が勝ち抜けた場合，左隣のプレイヤーが親になります．

ルールセクション 4 ：政策案の強さの決め方

　・政策案の強さはランク，レベル，ポイント（点）で決めます．ランクが高いほど強い，同ランクではレベルが高い方が強い，同レベルではポイント（点）が高い方が強いとします．

　・ランクは 1 〜 4 ランクのいずれかです．目的，調査，手法，実行可能性の 4 つの要素が 1 つあるごとに 1 ランクずつ加算されます．付けられた特殊カードによって政策案のランクは上下します．

　・レベルは色がそろっているかで決めます．政策案の色が全て赤（ダイヤとハート）か黒（スペードとクローバー）でそろっていれば，そろっていない政策案より強いとします．また，色がそろっている政策案同士の場合，現在のビジョンと同一の色でそろっている政策案の方をより強いとします．

　・政策案のランクとレベルが同一の場合，政策案に含まれる目的，調査，手法，実行可能性の各カードに記載されたポイント（点：1 〜 3 点が記載されている）を加算し，よりポイント（点）が高い政策案ほどより強いとします．

　・ランク，レベル，ポイント（点）が同一となった場合，ランダムに政策競争に勝った政策をジャンケン等の方法で決めてください．

2 『政治家の決断』

『政治家の決断』は 2013 年度に筆者の研究室が制作し，大学の授業や行政の

職員研修で使用しているカードゲームである.[6] 現在のところ, 販売や配布は行っていないが, 貸与やそれに伴うインストラクションを行っている.『政治家の決断』は『クロスロード』という教育・研修用のカードゲームの草分けとなったゲームの影響を受けている.『クロスロード』は防災分野のゲームであり, 阪神淡路大震災のエスノグラフィー調査から製作された. 調査対象となった震災対応を直接経験した係長以上の神戸市職員が直面したジレンマをカードゲームにしたものであり, 災害対応を自らの問題として考え, またさまざまな意見や価値観を参加者同士共有することを目的としている(矢守・吉川・網代, 2005 : 64).

　『クロスロード』のプレイ人数は 5 名程度とされ, 以下のような手順を繰り返し勝敗を決定する. プレイヤーの 1 人がカードを選択し, 記載された内容を読み上げる. カードに記載されているのは, ジレンマのある決定を行った行政職員の立場, 例えばとある避難所の責任者, 決定を求められるシチュエーション, 例えば震災当日の夜に避難者の数より少ない食事しか用意できないがそれを配食するか, そしてイエス／ノーの選択肢が記載されている. プレイヤーはイエスかノーか, 自分の判断を決め, プレイヤー全員でいっせいに手元のイエス・カードかノー・カードで開示する. イエスとノーの人数を比べ, 多数派になったプレイヤーにそれぞれ 1 点ずつが与えられる. この時, 1 人だけが他のプレイヤーと異なる選択をしていた場合は例外的に, そのプレイヤーだけに 1 点が与えられ他のプレイヤーには点が入らない. これを繰り返し, 最高得点を獲得したプレイヤーが勝者となる. その後, 振り返りの話し合い(デブリーフィング)を行い, 終了する. 所要時間は, 準備や説明に 10 分, プレイに 50 分, 振り返りの話し合いに 30 分とされる(矢守・吉川・網代, 2005 : 65-67).『クロスロード』は防災という誰もが関係するテーマを扱い, 誰でもすぐ理解しプレイできるシンプルなルールを持つ優れたゲームである. 一方, シミュレーション・ゲームと考えるには, 得点と勝敗のシステムについては何を再現, あるいは表現しようとしているのか分かりにくい部分もある.

　図 5-8 に『政治家の決断』のカードの例を示した. カードに記載される項目やおおまかな意匠は『クロスロード』へのオマージュとなっている. カードの記載内容については, 政治家の自伝や回顧録に取材するとともに, 増田寛也元

Card No. 01　あなたは…アメリカ合衆国大統領
YES（報復攻撃を命じる）
NO（命じない）

Card No. 02　あなたは…連立与党のある党の党首
YES（賛成する）
NO（賛成しない）

Card No. 03　あなたは…連立与党のある党の党首
YES（連立を離脱する）
NO（離脱しない）

Card No. 04　あなたは…連立政権の官房長官
YES（情報に賛成する）
NO（賛成しない）

Card No. 05
YES（渡会か今かを言う）
NO（しない）

Card No. 06　あなたは…とある大企業の労組連合会の有力メンバー
YES（立候補する）
NO（しない）

Card No. 07　あなたは…市会議員・女性・30代
YES（仕事を優先する）
NO（子どもとの時間を増やす）

Card No. 08　あなたは…市議会選挙に初出馬した無所属の新人候補
YES（街頭演説を続ける）
NO（他の手法で選挙運動を戦う）

Card No. 09　あなたは…市長
YES（この政策を実行する）
NO（実行しない）

Card No. 10　あなたは…市長
YES（プロジェクトチームを解散する）
NO（解散しない）

図5-8　『政治家の決断』のカード（試作品の一部）

総務大臣・元岩手県知事，中川智子宝塚市長，富野暉一郎元逗子市長など多くの首長経験者や地方議員の協力を得てインタビュー調査を行い，許諾を得た上でその成果を活用した．ゲーミングの方法についてであるが，上述の『クロスロード』と同様の方法も可能である．筆者が試みる場合は，1人対残り全員になった時に1点ではなく3点を与えることにより，順位変動の可能性やそれによる読み合いのスリルを高めるルールを用いることにしている．

　しかし，筆者が『政治家の決断』を大学の授業や行政職員研修に使用する場合は，『クロスロード』のような形ではなく，ゲーミングとビジネススクール等で用いられているケースメソッドの両方の要素を持たせたものとして使用している．具体的な手順は次の通りである．5名から7名程度のグループを作り，話し合いをしやすい形で着席する．カードの内容はグループのメンバーではなく，講師（筆者）が全グループに向けて同時に読み上げる．講師のかけ声に合わせて，各グループでメンバーは○や×のハンドサインなど何らかの方法でYESかNOかを意思表示する．引き続き，メンバー同士で，自分がカードに書かれた立場ならそのような決断をするのはなぜかについて，根拠を示しつつ話し合いを行い，グループとしての結論をまとめる．これを数回または時間の許す範囲で繰り返す（窪田，2015：110-111）．多数派の決断にまとまる場合が多いが逆転もあり得る．決断の根拠となるのは，学習した政治や行政の理論，個人の思想や信条や経験であり，話し合いを通じてメンバーが相互に知り合い，学び合うところにこのゲーミングの価値がある．

3　『カードゲーム公共政策学』と『政治家の決断』を使った大学の授業や行政職員研修におけるゲーミング

　筆者は既述のように，地方自治のボードゲームを比較的少人数の授業や研修で使用しているのに対し，地方自治のカードゲームについては，多人数の授業や研修でも使用している．『カードゲーム公共政策学』は1回生配当科目でよい公共政策には目的，調査，手法，実現の4要素があるということを教える公共政策学入門Ⅱという授業の最終盤や，それを受けてケースメソッドで実際の政策を取り上げ，自分が担当者だったらどうしたかを考え，議論するケースメソッド自治体政策という授業の導入の回や，比較的少人数のグループで地方自

治体や NPO など公共部門の組織の取り組みや課題を学び，解決策を提言する
公共政策実習Ⅰというそれぞれ 2 回生配当の科目の導入の回で使用している．
また，京都府内で地方自治体の行政職員が自主的に行っている勉強会に貸与し
て使用されたこともある．『政治家の決断』についてはそれがミニケースであ
ることもあり（窪田，2015：111），『カードゲーム公共政策学』とともにケース
メソッド自治体政策の授業で使用したり，各地の自治体の行政職員研修で，政
策形成論等の名称で行われる，座学やグループワークで政策形成を学ぶ研修で
使用している．『政治家の決断』も授業や研修の全体の構成の最初の方で使用
している．

　『カードゲーム公共政策学』の 1 回のプレイは 30 分程度であるが，授業で使
用する場合は 90 分あった方がよい．説明等で 10 分，プレイ 2・3 回で 60 分，
デブリーフィングに 20 分というところである．プレイヤーの人数は，ゲーム
セットが用意できれば 1 グループ 4 〜 7 人で 10 グループの 40〜70 名でも対応
可能である．ルールが比較的複雑なゲームであることから 2・3 グループに 1
名，できれば 1 グループに 1 名，このゲームに詳しいサポートスタッフかプレ
イヤーがいることが望ましい．

　『カードゲーム公共政策学』のゲーミングの終了時には，プレイヤーたちの
眼前にいくつもの公共政策が出現している．そのあるものは「政治家のリー
ダーシップ」や「顕在化した問題に取り組んだ」や「マスコミの報道」といっ
た特殊カードの力でレベルアップしたことにより政策競争を勝ち抜いたであろ
うし，目的・調査・手法・実行可能性の 4 要素の一部が欠けたものも多いだろ
う．手法と実行可能性はあるが目的と調査のない政策，目的しかない公共政策
など，さまざまな公共政策ができあがる．デブリーフィングでは，それらが実
際の公共政策ではどのようなものになるか，実在の公共政策に例を探せばどれ
にあたるか，どうしてそのような優れた，またはいろいろな要素の欠けた問題
のある公共政策が産み出されるのかといったことが話し合われる．プレイヤー
に公共政策に知識や経験を持つものがいればいるほど，デブリーフィングは活
発になるだろう．

　『政治家の決断』の所要時間については，1 枚のカードにまとめられたミニ
ケースを読み，決断を求め，話し合いや合意形成を行うのに短ければ 5 分，長

くても 10 分程度あればよい．その日の授業の構成や研修のプログラムの中で許容される時間と必要性や効果を勘案しつつ，何回行うかを決める．筆者の授業や研修では 3 つか 4 つのミニケースを扱う場合が多い．『政治家の決断』はシンプルなゲームであり，1 セットあれば，1 人の教員・講師で数十人の学生・研修生に対応できる．筆者は最大で 200 名近い研修生のいる研修でゲーミングを行ったこともある．

　授業や研修で地方自治のカードゲームを使用する目的は，ボードゲームと同様に，使用するゲームがシミュレートしている対象に興味を持たせたり，異なる角度からより深く理解させたりすることであり，『政治家の決断』のように使用するゲームがロールプレイングとして成立している場合には，地方自治のアクターの視点の疑似体験を通じてアクターについての理解を深めることである．既述のように，『政治家の決断』はケースメソッドという教育方法を用いて行う授業や，グループワークを含む政策形成についての行政職員研修で使用している．公共政策を大学の授業や行政職員研修で学ぼうとする者は，専門知識や理論から見て正しい公共政策を追求し，さまざまなアクターや制度が関わるリアルな政策過程については，正しい公共政策をゆがめるものとして目を背けがちである．確かに，公共政策については，必要性等の規準による政策評価は社会全体にとってという視点で行う必要があるが，それがつくられ，実施され，修整され，終了するのは行政職員等のアクターによるものである．よりよい公共政策を産み出し，修整・終了するための担い手を育てるには，地方自治のさまざまなアクターのそれぞれの視点を疑似体験し，もし自分がその状況でその立場であればどうしたか，それはなぜかということを，正しい政策とその立場に求められることを掛け合わせて考察することが有用であろう．

4　学習効果を引き出すために

　本章では，筆者の経験をもとに，地方自治のボードゲームとカードゲームの内容と，それらの大学の授業や地方自治体の行政職員研修における使用について説明した．ゲーミングを仮想性とあいまいさで 4 つに分ける分類に従うなら（新井ほか，1998：11），地方自治のゲーミングは，現在のところ，厳密なルール

と現実的という特徴を持つ訓練ゲームか仮想的な面も持つ教育ゲームであり，ゆるやかな形式で現実的な政策ゲームやゆるやかな形式で仮想的な学習ゲームに分類されるものはない.

　そうなった理由については，筆者をはじめとする地方自治のゲームを制作したり授業や研修で使用したりする者の意識的な選択の結果であると言ってしまえばそれまでであるが，他にも理由はある. 2000 年代に地方分権化改革が進められ，最近では地方創生の取り組みが全国的に進められる中，公共政策をつくることができる地方自治の担い手の育成が公共政策学だけではなく，実務においても重要性を増している. 授業や研修にも使用できるゲームが市販されていることも理由としてある. 市販されているゲームには 1 セット数千円することから，多数をそろえて授業や研修で使用することが難しいなどの問題はあるものの，遊びのためにデザインされていることから，より多くの人にプレイして楽しいと感じてもらい，ゲーミングに引き込めるという可能性もある. また，筆者自身が複数のゲームを制作したり，研究室で大学院生や学部生による制作を指導したりする中で感じることであるが，ゲームを制作することはそれ自体が楽しく，対象についての学びにもなる. あるゲームが制作者の手を離れ，制作者による支援なしに使用されるには，ゆるやかな形式では困難であり，厳密なルールが必要である. 厳密なルールをつくり，シミュレーションとしてロールプレイングとしてそのルールが必要であり適切であることを示すには，ゲームをプレイするよりもはるかに多くの学びが必要とされるからである.

　ゲームを制作したりゲームを使用した授業や研修を行う者の選択によることならば，地方自治の分野においても学習ゲームや政策ゲームや合意形成を重視したゲーミングも将来的に成立する可能性は十分にある. それを示す萌芽もある. 筆者は 3 回生配当の専門科目である政策評価論Ⅱに，全面的にロールプレイングの手法を導入している. この授業では，自治体評価の外部評価や事業仕分けを題材に，学生が評価者や評価を受ける行政職員の役割を演じるが，そこに得点や勝敗を取り入れてゲーミングとすることは容易に可能である. ただし，情報公開が進んでいる自治体評価は例外として，地方自治の合意形成や政策形成をゲーミングするには，情報収集の困難が伴うと考えられる. 説明責任や情報公開が求められる国際機関や国家の機関とは異なり，地方自治のアクター，

特に民間のアクターについては情報収集が困難だからである.

　本章で紹介した地方自治のゲーミングの効果について,検証にはまだまだ課題はあるものの,筆者が関わった授業や行政職員研修で行ったアンケート等を見ると,狙った効果は得られ,かつ参加者は楽しめたということが明らかになっている.現状の地方自治のゲーミングで効果を引き出す注意点を述べる.

　地方自治のゲーミングで効果を引き出すためには,ゲーミングの相互に関連する4つの要素がそろっている必要がある.4つの要素とは,ルールとコンポーネントからなるゲームシステム,プレイが行われること,シミュレーション,そしてロールプレイングである.プレイが無ければ楽しみも学びもない.ゲームシステムがないとプレイが行えない.ゲームシステムがシミュレーション[7]でロールプレイングでないような,一体何をシミュレートしているのか,プレイヤーがどのような役割を果たしているのか分からないようなゲーミングでは,意味ある学びにはならない.

　ゲーミングに参加する人数も効果を引き出すために重要である.多人数になると,ボードゲームやカードゲームを用意するのもコストがかかるということは既述の通りだが,それに加えて,多人数にゲームのルールをインストラクションするのも容易ではない.また,多人数の授業や研修になると,ゲームに向いていない参加者,ゲームが好きでない参加者が含まれる確率も高まり,それに伴い,円滑な進行や楽しい雰囲気を阻害する可能性が高まる.

　他の分野と同様に,地方自治のゲーミングにおいても,事前説明からデブリーフィングまでを授業時間や職員研修の時間に余裕を持って収める事も重要である.ゲームマニアは長時間を要する複雑なゲームシステムのゲーミングを好む傾向があるが,授業や研修では時間が限られている上に,ゲームに向いていない参加者やゲームが好きでない参加者も含まれており,そうした参加者には比較的短時間の単純なゲームシステムのゲーミングが向いている.ゲーミングを授業時間内に収めるためのデザイン上の工夫も可能であり,推奨される.例えば『カードゲーム公共政策学』では,プレイヤー全員があがって順位がつくという標準的なルール以外に,時間が限られている場合には,最初の1人があがれば,そのプレイヤーを勝者として終了という選択ルールや,開始前にランダムにカードを抜き,カードの枚数を減らしてプレイする短縮ルールも用意

し，短時間しか取れない場合に対応できるようにしたり，授業や研修の残り時間に合わせた時間調整ができるようにしている．

　本章では市販のゲームを使用したゲーミングも説明したが，元々，外交や政治や地方自治については，楽しみを得ることを目的とした市販のアナログゲームが製作されてきた．外交を扱った『ディプロマシー』，冷戦をシミュレートする『トワイライト・ストラグル』，アメリカ大統領選挙をシミュレートした『キャンディデート』などが代表的なタイトルである．市販のゲームで学びにもなるゲームに範をとって教育や研修目的のゲームが制作されているという側面もある．そうであるとするならば，本章で取り上げたいくつかのゲームも，大学の授業や行政の職員研修を離れ，余暇に娯楽として楽しまれ，そこに学びが付随することも十分期待できると考えられる．

　本章ではボードゲームやカードゲームといったアナログゲームを取り上げたが，地方自治のゲーミングにおいてもシリアスゲームとも言われるデジタルゲームの可能性もあるだろう．サンフランシスコ市の市長を務めたギャビン・ニューサムは，著書で，デジタルゲームを利用して民意を集約したり，社会問題を解決したりする可能性や事例を示したが（ニューサム，2016），将来的に，日本でも同様のことが可能かもしれないと期待される．

　地方自治のゲーミングの学習効果に関して，当事者にならないと経験が積みにくい分野であるため，疑似的な経験であっても経験を積むことの重要性は強調されるべきであろう．しかし，一方で，地方自治の全てを，あるいは地方自治のあるアクターの全てをシミュレーションすることを地方自治のゲーミングに期待する人がいるが，それは不可能であることも強調されるべきである．また，地方自治は政治や公共政策に関わるが，現実の政治や公共政策には痛みが伴う場合が多い．しかしながら，その痛みを伝えられるゲーミングが少ないことも忘れてはならないだろう．

注
　1）やおよろずは2012年に京都で結成された6人組でイベント生まれインターネット育ちの自称アイドルグループとのことである（やおよろずHP）．
　2）プレイヤーの最初の手札に差が出る場合，政治的影響力が小さいほど最初の手札が増

える.

3) 裏向きに 1 枚だけ出されたカードは政策案かもしれないし, 妨害のための特殊カードかもしれない. 妨害のための特殊カードに妨害が行われてしまった場合は, 先に行われた妨害, つまり政治的影響力が小さいプレイヤーが行った妨害は無効になる.

4)「いっせーのーで」とか「政策, オープン!」とか.

5) それに付けられた妨害のための特殊カードがあればそれも移す. つまり政策競争に勝った政策案に付けられた特殊カードは以後使用されない.

6) ゲームデザインに必要なデータ収集は筆者と博士前期課程 2 回生(当時)の長谷川里奈さんが行い, ルールの決定やアートワークは筆者が担当した.

7) 地方自治のボードゲームやカードゲームを制作することは, それらをプレイすることと負けず劣らず楽しみにもなり学びにもなることは既述の通りである. そのためもあってか, 制作に着手されるものの, 完成に至らないゲームも数多く存在する. 完成し使用されればプレイからの楽しみ, 学びもまた生まれるのであるから, ベストのできではなくてもとにかく完成させることは重要である.

参考文献

新井潔・出口弘・兼田敏之・加藤文俊・中村美枝子(1998)『ゲーミング・シミュレーション』日科技連出版社.

窪田好男(2015)「ケースメソッドとゲームの交錯」『福祉社会研究』第 15 号, 京都府立大学福祉社会研究会, pp. 107-118.

ニューサム, G.(2016)『未来政府——プラットフォーム民主主義——』東洋経済新報社.

矢守克也・吉川肇子・網代剛(2005)『防災ゲームで学ぶリスク・コミュニケーション——クロスロードへの招待——』ナカニシヤ出版.

参考ホームページ

電気通信大学非電源ゲーム研究会〈http://hidenken.com/fukkou.html〉(2019 年 1 月 21 日アクセス).

特定非営利活動法人テダス〈http://tedasu.com/npogame.html〉(2019 年 1 月 21 日アクセス).

やおよろず『MAYOR』〈http://yaoyolos.com/portfolio/mayor/〉(2019 年 1 月 21 日アクセス).

第6章
「外交政策決定ゲーミング・シミュレーション」の実施方法
──比較的規模が大きなゲーミングの実施事例として──

近藤　敦

1 はじめに

　この章では，筆者が立命館大学政策科学部の夏期集中講義の中で設置されている「PLC 特殊講義（危機管理シミュレーション）」において実施している「外交政策決定ゲーミング・シミュレーション」の実施方法について述べていきたい.

　このゲーミングは，もともと 1970 年代から 1990 年代にかけて中央大学法学部において高柳先男によって実施されていたモデルをもとにしている．その後 1990 年代に筆者ならびに当時の中央大学の学部生らが中心となってこのモデルに大幅に手を加え，さらにその後筆者がいくつかの点を改良して，現在は「外交政策決定ゲーミング・シミュレーション」として実施している（近藤，

図 6-1　ゲーミングの様子（2016 年度）①

図 6-2　ゲーミングの様子 (2016 年度) ②

2000).

　このモデルに関する議論については別稿に譲るが（近藤, 2000）, さかのぼれば 1950 年代以降にアメリカのノースウエスタン大学のハロルド・ゲツコウ（Harold Guetzkow）によって開発されたモデルを原型としており（Guetzkow, 1959）, 基本的には国家間の外交を模倣するロール・プレイング型のゲーミングである.

2 「外交政策決定ゲーミング・シミュレーション」

1　特　徴

　この「外交政策決定ゲーミング・シミュレーション」の主たる特徴は以下の通りである.

> 1. 国家を中心とするアクター（国際機関を含む）,「ニュース・メディア」,実施者を中心とする「コントロール・ルーム」（以下「コントロール」）から構成されている.
> 2. 「外交交渉フォーム」（外交文書）の交換によって外交が展開される.
> 3. 各アクターによって「統計表」にもとづいて「予算編成」が行われる.
> 4. 「ニュース・メディア」によって「外交交渉フォーム」等がまとめられ「ニュース」として報道される.

　なおこのゲーミングは,「予算編成」を行わずに政策決定と外交のみでも実

施することができる．この場合通常の形よりも簡素な形で実施できるが，一方このゲーミングが持つダイナミズムは減少する傾向がある．

2　目　　的

このゲーミングの目的は主として ① 国際政治関係の学習への動機付け，② 国際政治関係の学習後の応用，が考えられる．現在筆者が担当する講義は，1回生からの学生が履修可能なため，主として①の目的でこのゲーミングを実施しているが，工夫次第で幅広い応用が可能であると思われる[1]．

また対象は大学生以上がふさわしいと考えられるが，扱うテーマを限定するなどの工夫をすれば，高校生でも実施が可能であると考えられる（関，1994：179-212）．

3　参加人数

参加人数は設置するアクター数によって 10 名程度から 200 名程度まで幅広く設定できる．しかし筆者の経験では，50 名程の参加者で 15 から 20 程度のアクターを設置する規模が比較的実施しやすい．

なおプレイヤーとしての参加者のほかに，筆者の講義では通常大学院生がティーチング・アシスタントして（TA）として授業の補助についてもらっている．TA はゲーミングの実施中は，各アクターが作成した「予算」をチェックした上で，この「予算」にもとづき次期の統計表の作成をしてもらっている．

4　テーマとアクターの設定

ゲーミングで扱うテーマとアクターの設定の間には密接な関係がある．設定するテーマによってどの国家をアクターにするかは異なってくる．2017 年度ならびに 2018 年度の講義では「北朝鮮の核」と「中国と東南アジア」との関係に焦点をあて，それに関連するアクターを設置した．またアクター設置の際には，ゲーミングの最中にプレイヤーが手持ち無沙汰にならないよう，相互に関係性のあるアクターを設置するように心がけている．ちなみに 2017 年度ならびに 2018 年度の講義の参加人数，設置アクターは以下の通りである．

・2017 年度　参加人数：35 名，設置アクター：15 アクター

アメリカ，ロシア，中国，北朝鮮，韓国，日本，フィリピン，ベトナム，タイ，マレーシア，カンボジア，インド，パキスタン，国連，ニュース・メディア（順不同）

・2018 年度　参加人数：27 名，設置アクター：11 アクター

アメリカ，ロシア，中国，北朝鮮，韓国，日本，フィリピン，マレーシア，カンボジア，国連，ニュース・メディア（順不同）

アクターの人数に関しては「ニュース・メディア」以外は 2 人から 4 人程度がふさわしい．1 つのアクターの人数が多いと，アクター内部での意思統一が難しくなるという問題が生じてしまう．もっともこのようなアクター内部の意思の不一致もある意味で「政権内部での見解の不一致」という現実世界を模倣していると考えることは可能である．

「ニュース・メディア」は作業量が多いため，40 人程度の参加者ならば 6 名から 8 名程度の人数が必要である．なお講義では第 3 希望まで書いてもらうアンケートにもとづいてアクターの割り当てを行っている．

3　ゲーミングの実施手順

以下筆者の実際の講義に従いゲーミングの実施手順を見ていきたい．「PLC 特殊講義（危機管理シミュレーション）」の講義自体は 4 日間で授業数は 15 コマであるが，筆者はその中で 2 日間計 8 コマを担当している．なお通常の講義で実施する場合には，以下の記述を参考にして適宜改変をしてもらえればと思う．

1　講義の流れ

1 日目（90 分授業×4 コマ）

1．ゲーミングの概要の説明
2．「予算編成」を中心としたルールの説明
3．アクターのアンケートとアクターの割り当て
4．ゲーミングで扱う国際情勢についての概説

　5．ゲーミングの練習

　6．アクターごとによる事前学習と「リサーチ・レポート」の提出

　ルールに関しては次節以降で述べるため，ここでは上記の中の6．「リサーチ・レポート」の提出について簡単に述べたい．

　このゲーミングでは，最初のゲーミングの説明から実施までに時間がある場合には，プレイヤーに自らのアクターや国際情勢に関して事前学習をしてもらうことが可能である[2]．また筆者の経験では，このような事前学習は参加者によって積極的に行われる傾向がある．

　だが現在の2日間という短い時間では十分な事前学習は期待できない．そこで短い時間であるがアクターごとに書物やインターネットを利用して，①現実の世界におけるアクターの情勢と関連する国際環境，②今回のゲーミングで自らのアクターが試みたい政策，を記した「リサーチ・レポート」を作成してもらい，知識や関心を増やしてもらうようにしている．また「ニュース・メディア」は，アクターに関連した現実の世界の情勢について記した上で，どのような観点から報道をしたいかについて記してもらうようにしている．短い時間のため学習内容には限りはあるものの，このレポートはプレイヤーがアクターへの関心を高めてもらう一助になっている．

2日目（90分授業×4コマ）

　ゲーミングを実施する前に，各アクターは「長期政策目標」を「長期政策目標フォーム」に記入する．「長期政策目標」とは今回のゲーミングの間に実現したいと考えている政策のことである．

　事前学習に十分な時間がとれる場合には，各アクターの学習にもとづいて「長期政策目標」を記入してもらうが，現在は上記のように十分な事前学習の時間がとれないため，数年前から各アクターに，それぞれの「促進要因」と「抑制要因」を記した「政策課題」を配布し，その中から「長期政策目標」を選んでもらっている．この「政策課題」には，政策実現度の目安としてとしてそれぞれの項目に得点が記してあり，その達成の可否によって持ち点が変化するようにしている．この持ち点は政策の達成の目安の1つにしてもらっている．

　もちろんアクターが独自に「長期政策目標」を設定することは可能であり，

その政策の得点については「コントロール」と相談して決定している．また政策の実現の可否についても最終的には「コントロール」が判断をする．なお「ニュース・メディア」は前日の「リサーチ・レポート」にもとづいて「長期政策目標」を記してもらう．なお「ニュース・メディア」に対しては「長期政策目標」の得点は設定していない．

たしかにアクターごとの「政策課題」作成は，ゲーミングの実施者にとってかなりの負担となるが，このような「政策課題」を作成するようになった以降は，ゲーミングが以前よりある程度まとまった形で展開していくようになった．

なお「長期政策目標フォーム」の内容は他のアクターには知らせない．またカーボン紙で複写して2枚作成して，1枚をアクター自身が保管し，もう1枚を「コントロール」に提出してもらっている．

2　ゲーミングの実施時間

「外交政策決定ゲーミング・シミュレーション」は「期」ごとに分けられて展開していく．1つの「期」は以下の形で進められる．

- ・政策決定・予算編成：30分から40分程度．
- ・外交：30分から40分程度．この時間内で国連総会等の「国際会議」を開催することも可能である．また外交で合意すれば口頭による「会談」も可能である．

またこの間「ニュース・メディア」は常に「ニュース」の報道を行っていく．

通常ならば1日4コマの間でⅣ期からⅤ期程度を実施できる．なお「期」と「期」と間は10分程度の休憩を設けている．その間にA4大の封筒を各アクターに配布し，その期の「外交交渉フォーム」などの文書を整理してもらい，「ディブリーフィング」や「最終レポート」の作成の際に利用してもらうようにしている．

3　「ディブリーフィング」

「ディブリーフィング」とは，ゲーミング終了後の事後検討のことである．したがって「ディブリーフィング」を実施するために，ゲーミング自体は授業

が終了する 40 分から 60 分程前に終えるようにする.

　「ディブリーフィング」では基本的に各アクターの「長期政策目標」とその達成に関する点，ゲーミングにおいて印象に残った点などをアクターの代表者らに聞いていく．筆者も含めプレイヤーは不完全情報下にいるため，「ディブリーフィング」ではじめて各アクターの意図や考えを知ることが多い．また筆者自身が注目した争点などについて，関係するアクターに聞く場合もある.

　また「ディブリーフィング」では，ゲーミングで演じた役割と実際の個人とは別のものであるという点もプレイヤーに伝えるようにしている.

4　学生への評価

　学生への評価は，出席点，「リサーチ・レポート」，さらに授業の後に提出してもらう「最終レポート」にもとづいている．「最終レポート」には主として以下の内容を記してもらうようにしている.

- ・自らのアクターの特徴がわかる数値的な変化（「基礎資源」「軍事力」の数値の変化や「外交交渉フォーム」の受信・発信数等の変化など）についての議論
- ・「長期政策目標」とその達成に関して，ならびに各期の「政策目標」とその期の外交の展開についての議論
- ・自らのアクターが「危機」と認識した状況についての議論
- ・改善点を含めた感想

なお評価においてゲーミングにおけるアクターの振る舞いの良し悪しについては評価の対象とはしていない．重視すべき点は自らのアクターの行動に対する適切な分析と議論である.

　また感想・改善点に関しては採点者への配慮もあるかもしれないが，総じて肯定的な評価を得ていると感じている．本来ならばレポートの提出後にもう一度「ディブリーフィング」ができればより望ましいのだが現在のところ実現は難しい状況である.

　なお 2019 年度は天候等の影響により，3 コマしか正式な講義時間はとれず，そのため最低限のルールの説明をした後，2 時間程度しかゲーミングが実施できなかった.

　正直なところこの短い時間内で，プレイヤー全員がゲーミングのルールを十分に理解できたわけではなかったが，しかしながらゲーミング自体は大きな問題も生じることなく実施できた．なお授業後に希望者を募り，40分程ゲーミングの続きを行った．

4　ルールの詳細──「予算編成」

　以下このゲーミングの特徴である「予算編成」「外交」「ニュース」を中心にルールの説明をしていきたい．なお主な文書のフォームならびに「戦争」に関するルールはインターネットの資料集を参照してほしい．またゲーミングに出てくる用語については**表6-1**「語句説明」を参照してほしい．

1　「今期の政策目標」

　最初に「予算案」の該当する「期数」○印をつけ，アクター名を記入した後，「A）今期の政策目標」を記入する．「今期の政策目標」とは，すでに記入した「長期政策目標」を実現するために，「今期」実現を目指す政策である．そしてこの「今期の政策目標」にもとづいて以下の「予算編成」を行っていく．

2　「今期の予算」

　「予算編成」は，あらかじめ作成されている「初期統計表」にもとづき「予算案」に記入しながら進めていく．以下「予算案」の「B）今期の予算」にしたがって述べていきたい．なおこのゲーミングでの通貨単位は BR（Basic Resources）とし，またそれぞれの計算結果の小数点以下の数値は四捨五入することとする．

a．総予算

1.「ODA 等の合計」

　まずアクターは「ODA 等合計」の欄に記入をする．ただし現在の「初期統計」では，数カ国が国連に「拠出金」を出しているほかには「ODA 等」は設定されていない[3]．なお「初期統計表」で設定されている以外の「ODA 等」の

表 6-1　語句説明

基礎資源	そのアクターの経済的・社会的・人的資源等を含めた総合力を数値化したもの. 単位は BR（Basic Resources）.
ODA	通常の政府開発援助（Official Development Assistance）に加え，このゲームでは，軍事援助をのぞく通貨・財の移転も ODA の枠のなかで扱う. また国連にたいする分担金，IMF・世銀に対する拠出金などもここに含まれる.
総予算	各期に各アクターが使用できる予算の総額. 基礎資源に ODA 等の合計を加減した額に予算率をかけた額.
予算率	総予算を算出するために使用する数値. アクターごとにあらかじめ統計表で定められている.
公共財・サービス費	国家アクターでは，その域内に住む人々の生活環境を維持し，福祉を充実させるために使用される経費，国際機関では，事務関連の出費や人件費とみなす. 予算は公共財・サービス費を満たすように編成されなければならない.
公共財・サービス率	公共財・サービス費を算出するために使用する数値. 公共財・サービス率は，あらかじめ統計表に定められている. 数値は変動することもある.
公共投資	経済成長のために配分される費用. 公共投資に経済成長率をかけた額にその期の基礎資源を加えたものが来期の基礎資源となる. 国際機関では資産運用とみなす.
経済成長率	来期の基礎資源を算出するために使用する数値. 経済成長率は，あらかじめ統計表に定められている. 研究開発により 1.60 まで数値を上昇させることが可能.
研究開発	経済成長率，通常軍事力整備率を上昇させる通常研究開発と核軍事力を開発するための核研究開発に分かれる.
経済研究開発ランク	経済成長率の研究が成功した場合には，経済研究開発ランクにもとづき上昇ポイントが決定される. ランクは統計表を参照.
軍事研究開発ランク	通常軍事整備率の研究が成功した場合には，軍事研究開発ランクにもとづき上昇ポイントが決定される. ランクは統計表を参照.
通常軍事力整備率	通常軍事力を整備する能力を数値化したもの. 通常軍事力費に通常軍事整備率を掛けて算出される通常軍事力に，その期に使用できる通常軍事力を加えたものが来期の通常軍事力となる. 通常研究開発により 2.00 まで上昇させることが可能. 数値は統計表を参照.
核軍事力整備率	核軍事力を整備する能力を数値化したもの. 核軍事費に核整備率をかけて算出される核軍事力に，その期に使用できる核軍事力を加えたものが来期の核軍事力となる. 数値は統計表を参照.

「供与・貸出」「受取・借入」は，外交を通じて決められる．なお1アクターが1つの期に「供与・貸与」「受取・借入」できる額は1回あたり3000BRを上限とし，1つの期において該当アクターに対して1回のみ「供与・貸出」「受取・借入」が可能である．例えばアクターAは1つの期にアクターBに3000BR，アクターCに3000BRそれぞれ「供与・貸与」を1回ずつできるのである．

「初期統計」で国連への「拠出金」が設定されているアクターは「ODA等合計」の「対象アクター」に「国連」と記入し，「受取・借入」の欄には0，「供与・貸与」の欄には「初期統計」の数値をそれぞれ記入し，「名目」の欄には「拠出金」と記入する．国連は「対象アクター」のアクター名ならびに「受入・借入」の数値をそれぞれ記入し，「供与・貸出」は0，「名目」の欄には「拠出金」と記入する．

記入後「受入・借入」「供与・貸出」の数値をそれぞれ合計し，「受入・借入合計」から「供与・貸出合計」を引き，「ODA等の合計」を算出する．

2.「今期利用可能資源」

次に「初期統計表」の「基礎資源」を「予算案」の「今期の基礎資源」に記入し，先ほど算出した「ODA等」の合計を記入し，計算する．その結果が「今期利用可能資源」になる．そして「今期利用可能資源」に「初期統計表」の「予算率」を掛けて「今期の総予算」を算出する．

b.「予算編成」

1.「公共財・サービス費」

「予算編成」では，先に算出した「今期の総予算」に「初期統計表」の「公共財・サービス率」を掛け，「今期の公共財・サービス費」を算出する．そしてこの数値を「予算案」の「1.公共財・サービス費」に記入する．「公共財・サービス費」のイメージは，国民の生活を成り立たせるために必要な各種公共財や社会サービスである．

以下「2.公共投資」「3.研究開発費」「4.通常軍事費」「5.核軍事費」(核兵器保有国のみ)を自らのアクターの「今期の政策」にもとづいて記入し，総額が「今期の総予算」と一致するように「予算配分」を行う．

2．「公共投資」

　「公共投資」とはアクターの「基礎資源」を増加させる手段である．「予算案」の「2．公共投資」の数値に「初期統計表」の「経済成長率」を記入し掛け，その数値に「今期の基礎資源」を加える．これが「来期の基礎資源」になる．したがって「来期に基礎資源」の増加，つまり経済成長を目指すのならば「公共投資」に多くの予算を配分すればよい．

3．「研究開発費」

　「研究開発」は「経済成長率」「軍事整備率」の数値を上げための「通常の研究開発」と核開発を目指す「核研究開発」に分かれる．

　「研究開発費」の数値は，「通常の研究開発」の場合ならば「今期の総予算」の数値に 0.05 を掛けた数値，「核研究開発」の場合ならば同じく「今期の総予算」の数値に 0.20 を掛けた数値になり，それぞれその値を「3．研究開発費」に記入する．なお「研究開発」を実施する際には「予算案」への記入に加え，後述の「研究開発フォーム」に記入し「コントロール」に提出する必要がある．また「通常の研究開発」と「核研究開発」を同じ期に行うことはできない．

4．「通常軍事力」

4-1 「通常軍事力援助」の合計

　次に「通常軍事力」関係の計算を行う．「通常軍事力」の単位は CF (Conventional Forces) とする．「通常軍事力」も「受取・購入」「供与・売却」が可能である．しかしこれらは「初期統計」では設定されておらず，第Ⅰ期以降の外交を通じて決められる．なお「予算案」の表では「供与・売却」に加え，戦争等による「損失」も含む形になっている．

　まず前期に「通常軍事力」の「受取・購入」「供与・売却・損失」があれば表に記入し，「ODA 等」の場合と同様な方法で「通常軍事力援助の合計」を算出する．

4-2 「今期の通常軍事力」

　次に「今期の通常軍事力」算出する．第Ⅰ期では「前期の通常軍事力」は「初期統計表」の「通常軍事力」にあたる．この数値に「減耗率」の 0.9 を掛け，さらに先に算出した「通常軍事力援助の合計」を加減して「今期の通常軍

事力」を算出する．この「今期の通常軍事力」は，例えば「戦争」の際などに使用する数値になる．

4-3 「来期の通常軍事力」

　次に「来期の通常軍事力」を算出する．これも今までと同様に「今期の通常軍事力」に「初期統計表」の「通常軍事力整備率」を掛け，その値に「今期の通常軍事力」を加えて「来期の通常軍事力」を算出する．

5．「核軍事力」

　「核軍事力」の項目は核保有国のみ記入する．「各軍事力」の単位は NF (Nuclear Forces) である．「核軍事力」に関しては，基本的に「通常軍事力」と同様な計算を行う．「通常軍事力」と異なるのは「減耗率」が 0.95 である点である．

　このように「公共投資」「研究開発費」「通常軍事力（核軍事力）」のどの項目にどの程度の予算を配分するかによって来期のそのアクターの「国力」が変化する．

　なおこれらの「予算案」はカーボン紙で複写されたものがコントロールに提出され，TA によって検算される．そして検算後の数値にもとづき次期の「統計表」が作成され公表される．そして次の期ではこの「統計表」の数値にもとづいて各アクターが「予算編成」を行っていく．

　なおこれらの計算は，表計算ソフトを使用すれば容易にできるが，筆者の実施するゲーミングでは各アクターには表計算ソフトを使用させずに，計算機などを使用して数値を計算してもらっている．これはプレイヤーに「予算編成」の仕組みを知ってもらうためであり，また同時に予算編成の大変さを実感してもらうためでもある．一方 TA の検算には表計算ソフトを活用してもらっている．

c．「研究開発」

　「研究開発」を行う場合には，「予算案」への記入に加え，必ず「研究開発フォーム」に記入し，複写して「コントロール」に提出する必要がある．

　「研究開発」は 3 アクターまでの共同開発が可能であるが，これは外交を通じてあらかじめ合意を得ておく必要がある．したがって外交が行われていない

第Ⅰ期では共同開発は行われない．以下「研究開発フォーム」にしたがって「研究開発」の手順を見ていく．

1．「期数」「時刻」「アクター」

「期数」に○印をつけ，「時刻」を記入し，「アクター」には参加するアクターのすべての名前を記入する．

2．「定数」の決定

2-1　「研究開発目標」の項目の中にある「経済成長率」もしくは「通常軍事整備率」のどちらかを選択して○印をつける．

2-2　参加アクターの名前を記入し，「初期統計表」に記されているそれぞれのアクターの「経済成長率ランク」もしくは「通常軍事整備率ランク」を記入する．そして参加アクターの中で最も高い「ランク」を全体の「ランク」とする．次に「研究開発フォーム」にある表にしたがって「ランク」から「定数」を定める．この「定数」が「研究開発」が成功した際のそれぞれのアクターの「経済成長率」ないしは「通常軍事整備率」に加えられる数値になる．

3．「研究・開発理由」

適切な「研究・開発理由」を記す．

4．研究開発の成功率

「研究開発」の成否はアクターの代表者がサイコロを振ることで決定される．成否の確率は参加アクターの数によって変動する．成功の確率は，参加アクターが1アクターの場合は3/6，参加アクターが2アクターの場合は4/6，参加アクターが3アクターの場合は5/6，となる．分母が6であるのは，サイコロの目に対応しているためである．なお成功する目（もしくは失敗する目）はサイコロを振る代表者に決めてもらう．

5．研究開発の結果

サイコロを振ってもらった後，研究開発の成否を「研究開発フォーム」に記入し，成功した場合には「定数」の数値を，「経済成長率」もしくは「通常軍事整備率」の数値に次期から加える．なお上昇したポイントは特別なことがな

い限り減少せず，次の期にも引きつがれる．

d.「核研究開発」

　「核研究開発」が可能なのは，新たに核兵器の保持を目指す単独のアクターのみである．成功率は 1/6 である．「核研究開発」が成功した際には「核軍事力」が 5NF ならびに核整備率 0.100 ポイント与えられる．

　なお「核研究開発」は上記のようにルール上では可能であるが，NPT の存在等の理由のためゲーミングの中では通常認められてはいない．最終的に「核研究開発」を認めるかどうかは「コントロール」の判断に任される．なお全ての「研究開発」の結果は「ニュース・メディア」を通じて「ニュース」として公表される．

5　ルールの詳細——外交

1　外　　交

　外交は基本的に「外交交渉フォーム」の交換によって行われる．口頭での外交は原則禁止されているが，「国際会議」もしくは「外交交渉フォーム」による合意を経て開催される「会談」では口頭による交渉が認められている．また「国際会議」「会談」が行われた後，もしくは条約等が締結された際には「国際会議・会談・条約フォーム」に記入し，「ニュース・メディア」に提出する．

a.「外交交渉フォーム」

　「外交交渉フォーム」は以下のように記入する．

1．「期数」「時刻」の記入

　「期数」に○印をつけ，「時刻」を記入する．

2．「公開・極秘」の記入．

　「公開・極秘」のどちらかに○印をつける．しかし多くの場合アクターは「極秘」に○印をつけるため，「コントロール」が「極秘」であると認めた場合を除いて原則「公開」扱いにすることをゲーミングの開始前にプレイヤーに伝えておく．

3．「発信アクター」と「受信アクター」を記入する．

　必要ならば「発信アクター」の「担当者」に○印をつける．「受信アクター」
が2～4カ国に及ぶ場合には，「受信アクター」に矢印で回覧する順番でアク
ター名を記し，その順番に「外交交渉フォーム」を回覧してもらうようにする．
4．「内容」の該当項目に○印をつける．
5．「メッセージ」を記入する．
　「メッセージ」には簡潔なメッセージを書くようにしてもらう．
6．「外交交渉フォーム」はカーボン紙で3枚同じものを作り，1枚を発信ア
クターの手元に置き，1枚を相手アクター（複数国の際には可能な限りアクター数
だけを複写し，配布する），もう1枚を「ニュース・メディア」に，それぞれ発信
アクターが持っていく．
7．「外交交渉ファーム」を受信したアクターは，基本的に「発信アクター」
に返信をする．その際には新たな「外交交渉フォーム」を使用する．なお「発
信アクター」にあえて返信をしないことも1つの外交手段である．
8．多くのアクターに同一内容を発信したい場合には，「国際会議・会談・条
約フォーム」を使用して，「外交交渉フォーム」にならって記入をする．その
際の複写枚数は，「発信アクター」が手元に置く1枚と「ニュース・メディア」
用の1枚，「受信アクター」に配布する1枚の合計3枚を最低限複写して作成
する．
9．口頭による「国際会議」「会談」は，関係当事国アクター間で合意が取れ
ていれば実施できる．また「国連総会」は国連の任意で開催ができる．さらに
「国連総会」等の定期的に開催される大きな国際会議は，ゲーミングの開始前
にあらかじめ設定しておくことも可能である．

b．「国際会議・会談・条約フォーム」
　「国際会議」「会談」の後は，主催したアクターが必ず「国際会議・会談・条
約フォーム」に記入する．また「条約」等を締結した場合には，主導したアク
ターが条約の「名称」と「内容」を記入する．記入方法は以下の通りである．
1．「期数」に○印をつけ，「国際会議」「会談」の開催時間を記入する．
2．「会議・会談名」を記入する．
3．「参加アクター」に○印をつける．

4．「声明・協定・条約」の場合には「名称」を記入する．

5．内容は「種類」に〇印をつけ，「内容」を記す．

6．「国際会議・会談・条約フォーム」は関係するアクターと「ニュース・メディア」の分を複写してそれぞれに配布する．「国際会議・会談・条約フォーム」の内容は原則的に「ニュース」として報道される．

6　ルールの詳細──「ニュース」

「ニュース・メディア」はこのゲーミングの中では他のアクターとは異なった役割を果たしている．「ニュース・メディア」の基本的な役割とこの「ゲーミング」における「ニュース」の持つ意味については以下の通りである．

1　「ニュース」の作成

「ニュース・メディア」は，「ニュース・メディア」に届けられる「外交交渉フォーム」「国際会議・会談・条約フォーム」に加え，政策決定や外交の時間での各アクターへの取材を通じて「ニュース」を作成する．なおアクターは「ニュース・メディア」の取材を拒否もできる．

基本的にどのようなニュースをどのような内容で報道するかは「ニュース・メディア」に任されている．なお「外交交渉フォーム」が「極秘」の場合には，「ニュース・メディア」は「コントロール」と相談の上，遠回しの表現や未確認情報として報道することも可能である．

2　「ニュース」の報道

作成された「ニュース」は，模造紙に「外交交渉フォーム」に記入された時刻にもとづいて記入され報道される．「研究開発」の結果も「ニュース」として模造紙に記入される．また重要な「ニュース」の場合には，アナウンスをしてアクターの注意の喚起を促してもよい．

3　「ニュース」の持つ意味

このゲーミングではアクター数が増すほど，各アクターが得ることができる

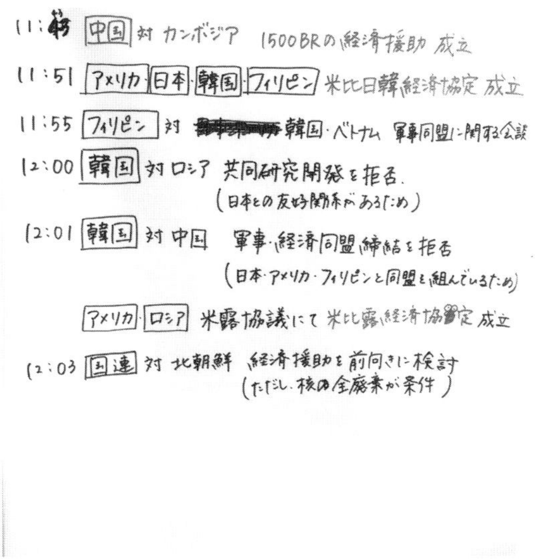

11:46　中国 対 カンボジア　1500BRの経済援助 成立
11:51　アメリカ 日本 韓国 フィリピン　米比日韓経済協定 成立
11:55　フィリピン 対 ~~日中ロシア~~ 韓国・ベトナム　軍事同盟に関する会談
12:00　韓国 対 ロシア　共同研究開発を拒否
　　　　　　　　　　　（日本との友好関係があるため）
12:01　韓国 対 中国　軍事・経済同盟締結を拒否
　　　　　　　　　　（日本・アメリカ・フィリピンと同盟を組んでいるため）
　　　　アメリカ ロシア　米露協議にて 米比露経済協定 成立
12:03　国連 対 北朝鮮　経済援助を前向きに検討
　　　　　　　　　　　（ただし、核の全廃棄が条件）

図 6-3　ニュースの一部（2016 年度）

情報は部分的・断片的にとどまってしまう，とりわけ自らのアクターが関係しない情報に関しては多くの場合アクターは十分に得ることができない．したがってアクターは不完全情報下での行動が余儀なくされる．それゆえ報道される「ニュース」は，「ニュース・メディア」によって加工された情報ではあるものの，アクターにとっては重要な情報源となり，その価値が増す．

　このような「ニュース」の価値は「ニュース・メディア」を務めたプレイヤーの感想にもよく述べられている内容でもある．ただし現実の世界と異なりこのゲーミング上では「ニュース・メディア」は複数存在していない．そのためこのゲーミングでは「ニュース・メディア」の「ニュース」が相対化されないという問題も存在している[4]．

　なおインターネットの資料集には 2019 年度の「ニュース」を上げておく．すでに述べたように 2019 年度は実際にゲーミングが実施できた時間は 2 時間程度，第Ⅱ期の外交を終え，第Ⅲ期の政策決定までしか時間がとれなかった．インターネットに掲載した「ニュース」は時系列を直した以外は模造紙記されたものをそのまま転記した．

7 ゲーミングの考え方

　上記のように今回はゲーミングの実施時間が短かったために，成績評価に関係ない形で希望者を募り40分ほどゲーミングを延長をした．結果的に国連や「ニュース・メディア」などいくつかのアクターが抜けた形で実施したが，最終的には，アメリカ・マレーシアと中国・ロシア・北朝鮮の間の戦争が勃発した（アメリカ側の勝利）．もともと潜在的に対立関係にあった両陣営の間でゲーミングの終了を見越した形で戦争が起きたのであった．

　今回の戦争の勃発の要因の1つに，「最終レポート」の感想にあったように，国連というアクターがなかったことも1つの要因として考えられる．しかしこのようなゲーミングの終了間際に戦争が勃発する現象は，例えば「エンディング・エフェクト」（南野・大森, 1999），「駆け込み（核）戦争」（宮脇, 2004）などと呼ばれ，他の同様なゲーミングでもよく見られる現象でもある．この種の戦争が勃発する要因はさまざま考えられるが，その1つとして「未来」のない世界において，人々は自暴自棄的な行動に走りがちになるということが考えられる．

　またこのような要因に加え，このゲーミングのモデル自体が持つ構造上の要因，すなわち国家間関係を模倣し，上位の公権力を欠くというパワー・ポリティクス型の世界観にもとづいたモデルであるということが，戦争を勃発させやすくしている大きな要因であると考えられる．

　しかしここで重要な点は，プレイヤーにこのようなことに気づかせ，理解させるようにすることである．

　ところで，例えば今回の戦争の勃発のように「現実では起こりえない可能性が高いことが起こりうる」ゆえに，この「ゲーミング」に対して否定的な意見が出る可能性がある．また歴史を振り返れば，ゲーミングに「予測」の期待を託した研究もあった（Guetzkow and Valadez, 1981）．しかしこのような考えは，「学習」という視点から考えた場合必ずしも適切なものではない．

　上記の戦争の勃発に限ったことではないが，このゲーミングでは，しばしば起こりえないと思わることが発生する．その理由は簡単に言えば，ゲーミング

というもの自体が現実をありのままに模倣しているわけではないからである．ゲーミングというものは，現実のいくつかの要素を抽出してモデルを作成し，それにもとづき実施されているのである．それゆえ例えば大規模な戦争など現実に起こる可能性が少ないことがゲーミング上で起こったとしても，それゆえこのゲーミングが「不適切なもの」であるという考える必要はない．むしろここで必要なことは「なぜ現実では起こりえないことがこのゲーミングで発生したのだろうか？」という視点である．

　もちろんその理由はさまざま考えられる．「政治家ではなく学生が演じているからか？」「経済的要素や世論など現実の政治の世界での重要な要因がモデルに反映されていないからか？」「限られた時間内でのゲーミングだからか？」．もちろんその答えは容易には確定できない．しかしながらこういった問いを糸口に，ゲーミングの世界と現実の世界の対比を行うことこそが重要なのである．つまりゲーミングの世界は，現実を見るための「もう1つの世界」なのである．このように考えた場合，「起こりえないことが起きる」ゲーミングの世界は十分に意味のある世界となる．そしてゲーミングの実施者は「ディブリーフィング」等を通じてこのことをプレイヤーに伝え，考えてもらう必要がある．

8 おわりに

　以上「外交政策決定ゲーミング・シミュレーション」の大まかな手順を述べてきた．実際のところは，ここに述べた以外の，筆者も意識化していない「暗黙知」があることは言うまでもない．また筆者が考えつかない新たなアイディアや工夫が存在している可能性も高い．これらのことは今後の課題としたい．

　そこでここではアナログ型であるこのゲーミングのコンピュータ化の問題について考え，この章を終えることにしたい．

　このゲーミングは見てきたように「予算編成」「外交」などコンピュータ化できる部分が多く残されているアナログ型のゲーミングである．また使用する文書の量を考えれば，このゲーミングは「環境にやさしくない」ゲーミングであることは確かであり，コンピュータ化すれば多くの部分が合理化できることは間違いない．しかしながら筆者はこのゲーミングにおいてアナログ型を維持

したいと考えている.

　その理由の1つとして，コンピュータ化することによりにより，このゲーミングの持つ「ダイナミックな要素」が抜け落ちてしまう可能性があるのではないかと思われるからである．実際このゲーミングの実施の最中の教室は騒がしい．しかし筆者の個人的な思い入れかもしれないが，この騒がしさこそがこのゲーミングのダイナミズムを生み出しているのではないかと思っている.

　また筆者がこのようなアナログ型でゲーミングを実施するもう1つの理由として「危機管理シミュレーション」という講義名をあげることができる.

　東日本大震災で現実に起きたように，大規模な災害の際には電力供給が止まってしまう可能性が高い．そのような際にはコンピュータは使用できず「手作業」に頼らなくてはならない．例えば東日本大震災時における福島第1原子力発電所事故が発生した当時の中央制御室では，ホワイトボードや計器盤などに時刻とその際の状況が手書きでメモが残された．それはまるでこのゲーミングにおける模造紙に記された「ニュース」のようであった.

　このように考えたならば「手作業」でゲーミングを行うこと自体が，「危機

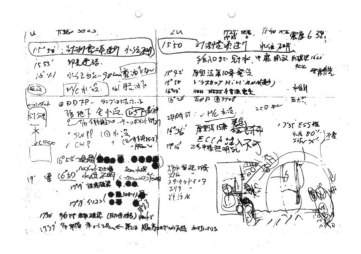

図6-4　福島第1原発事故当時の中央制御室のホワイトボード

（出所）東京電力ホールディングス.

管理」の一種ではないかと筆者自身は考えている．もちろんだからといって筆者はこのゲーミングのコンピュータ化を否定しているわけではない．むしろこのゲーミングの「アナログ型」と「コンピュータ型」を比較する必要があると考えている．

　今日の世界は「自国中心主義」的な思考に陥る傾向が強く出ている．それゆえこのゲーミングにおいて自国以外のアクターをプレイすること，つまり「立場の相互入れ替え」を行うことを通じて，複眼的でかつ総体的な視点を獲得してほしいと筆者は考えている．現実の政治の実践は「試す」ことはできない．しかしゲーミングを通じて，我々は「試行された世界」を見ることができるのである．

注

1）例えば関が実施していたゲーミング（シミュレーション）は筆者が実施しているゲーミングと同型のものであり，いくつかの実施事例が掲載されている（関，1969，1997）．なお筆者のゲーミングでも，「イベント・カード」を組み入れたこともあった．
2）例えば立命館大学国際関係学部で実施されている GSG（Global Simulation Gaming）では，事前学習の時間が十分にとることができるカリキュラムになっている（河村，2014）．
3）「初期統計表」において国際情勢にもとづき各アクター間で「ODA 等」の「受取・借入」「供与・貸出」関係を設定しておくことは可能である．その際は第I期の外交で，初期に設定された「受取・借入」と「供与・貸出」関係を継続するかどうかをアクター間で決めてもらう．なお「初期統計表」は現実のデータにもとづいて作成してはいるものの，以下述べるさまざまな計算式に合わせるためかなり数値を操作しているため，結果的に現実の統計とはかなり乖離が生じてしまっている．
4）なお過去冷戦時代には，西側メディアと東側メディアを設置したことがあったと聞いている．

参考文献

Guetzkow, H.（1959）"A Use of Simulation in the Study of Inter-Nation Relations," *Behavioral Science*, vol 4, No. 3,（ハロルド・ゲツコウ，関寛治訳「国家間関係によるシミュレーションの使用」清水幾太郎編著（1965）『社会科学におけるシミュレーション』日本評論社，pp. 75-94）.

Guetzkow, H. and J. J. Valadez（1981）"International Relations Theory: Contributions of

Simulated International Processes," in Guetzkow, H. and J. J. Valadez, eds. (1981), *Theories and Research in Global Modeling*, Beverly Hills.SAGE Publications Inc pp. 197-251.

河村律子（2014）「教員の協同で実現しているアクティブラーニングの実例：立命館大学国際関係学部」河合塾編著『「学び」の質を保証するアクティブラーニング――3年間の全国大学調査から――』東信堂，pp. 50-65.

近藤敦（2004）「国際政治ゲーミング・シミュレーションの考え方――その歴史と構造を中心にして――」内田孟男・川原彰編著『グローバル・ガバナンスの理論と政策』中央大学出版部，pp. 139-168.

近藤敦（2000）「国際政治シミュレーションの意義と可能性――INSCU2000 にもとづいて――」『中央大学社会科学研究所年報』第 5 号，pp. 47-60.

南野泰義・大森功一（1999）「グローバル・ゲーミング実践マニュアル――国際関係シミュレーションに参加しよう！――」エサップ.

宮脇昇（2004）「「駆け込み核戦争」は防げるか――国際政治のシミュレーションの課題――」『松山大学論集』第 15 巻 6 号，pp. 115-133.

関寛治（1997）『グローバル・シミュレーション＆ゲーミング――複雑系地球政治学へ――』科学技術融合振興財団.

関寛治（1969）『国際体系論の基礎』東京大学出版会.

第7章
合意形成のサクサク交渉ゲーミング　文書に残そう！

宮脇　昇

1　スマート・ゲーミング
——既存の会議の合意文書をもとに実施しよう——

　会議を決裂させないようにするには，どうすればよいか．

　2017年5月，G7（主要7カ国首脳会議）がイタリアで開催したタオルミーナ・サミットはまさにその問いに答えた事例である．

　　（アメリカ以外の各国の主張）「あらゆる保護主義と対抗する」

　　（アメリカの主張）「不公正な貿易慣行に断固たる措置をとる」

　上の両方の文言が首脳宣言に盛り込まれた．

　またその一環で開催されたG7ボローニャ環境大臣会合では，京都議定書にかわるCO_2排出削減を目標にしたパリ協定からの離脱を方針とするトランプ大統領の意向をふまえたアメリカと，パリ協定を推進する残り6カ国との対立により一時は合意が危ぶまれた．しかし，アメリカの主張を共同声明の本文には盛り込まれず，国内政策に合致する範囲で温暖化対策を進める文言を脚注部分に記す形で決着した．議長を務めたイタリアのガレッティ環境相は閉幕後の記者会見で「見解の違いはあるが，破壊ではなく，対話のG7会合となった」と述べた[1]．脚注外交（footnote diplomacy）ともいうべき文言埋め込みによって，決裂が避けられた．

　サミット外交にみられるように，合意文書の文言作成における交渉は，**各国の利害対立が表面化しやすい．それゆえに，ゲーミングの題材にしやすい**．特にG7外交は，貿易や環境のみならず，エネルギー，情報，テロ，麻薬，地域紛争，民主化等，多様な課題に対応するグローバル・ガバナンスの結節点であ

（出所）『毎日新聞』2017年5月27日夕刊（上），同，5
月28日朝刊（下）．

り，その過程が報道等によって
ある程度推測できる．

　合意文書を作成するゲーミン
グ（以下，合意作成ゲーミング）に
ついて，本章では，国際公共政
策・国際政治・国際関係の分野
を対象とする．G7/G8サミッ
トの合意作成のゲーミングと日
欧EPA交渉の合意作成ゲーミ
ングを紹介する．ただし合意文
書の作成という観点では，主体
間の関係が比較的フラットであ
る対象，例えば家族の合意形成
ゲーミング（例えば，日曜日に遊
びに行く目的地や夕食のおかず，遺
族間の遺産相続等の争点），町内会
の合意形成ゲーミング（マン
ションの立て替え問題）等にも応
用可能である．

2 国際合意作成のゲーミング設計
──課題は多様，参加国は固定，目標・制約を抽出──

国際交渉のゲーミングを企画しやすいのは，参加するアクター（行為主体）がおおむね国家に限定されているためである．また環太平洋パートナーシップ協定（TPP）ならば11カ国，G7なら7カ国といったように，メンバーが固定化している．

まずG7について見てみよう．7つの主要国が参加する会議がG7サミットであり[2]，アジェンダは多岐にわたる．政治，安全保障，経済，貿易，金融といった課題は早くから議題となってきた．地球温暖化問題，発展途上国の債務問題，食料（食糧）安全保障，サイバー・セキュリティ，エネルギー問題は近年よく議題になる．これらについて，首脳会議だけでなく，担当各大臣の会合ももたれている．

ちなみに，サミットで採択された国際合意文書は，開催地の地名をとって○○宣言，あるいは○○文書等と呼ばれる（「東京宣言」など）．サミットは国際法に基づく組織ではないため，最終文書が採択されたからといって約束が守られるわけではなく，履行率は分野や議長国によって大きな差がある（履行率の研究については　宮脇, 2011）.

解説

サミットの歴史

サミットについて簡単にまとめる．既に知っている諸君は，ここを読み飛ばしてほしい．

「サミット」とは「山頂」の意味であり，日本語では当初「頂上会談」と訳されていた．米朝首脳会談も国連ミレニアム・サミットも全てサミットと呼ばれる．本章では，先進国首脳会議，後の主要国首脳会議にしぼってサミットの機能を大まかに紹介する[3]．

サミットは国際法に基礎をおく国際機構ではない．第一義的には，先進7カ国（アメリカ，イギリス，イタリア，カナダ，ドイツ，日本，フランス）とロシアの計8

カ国による共通の利益の結合と調整のための会議である．またメンバーも 8 カ国[4]に限定されており，安保理の非常任理事国と異なり各地域から参加国が選出されるような制度も全くない．[5]

G7 サミットの歴史については各自で調べてほしい．1 つだけ記せば，最初にサミットを開催しようと主張したのは，アメリカではなくフランスである．オイルショック後の経済危機に見舞われて，先進国の経済政策の協調の場の必要性を痛感して始まったのがサミットである．それまで各国は，他国の経済をあまり考慮することなく，全くバラバラに経済政策を決めていたのである．それでは大きな経済危機を乗り越えることはできない．実際，第 1 回サミットではフランスが変動相場制移行を主張するアメリカに譲歩し，サミットは国際経済のルールの樹立に貢献した．こうした誕生の経緯もあり，サミットの議長国（同時に開催国）は毎年の持ち回りであり，フランス，アメリカ，イギリス，西ドイツ，日本，イタリア，カナダの順番となった．当時，1979 年の東京サミットのニュースを一地方の小学校の教室のテレビでみた筆者には，忘れられないことがある．先生はクラスのみんなにこう聞いた．「日本は先進国だと思いますか？」思う人，思わない人それぞれが挙手した．結果はおよそ半々であった．世界経済ではすでに日本が世界第 2 位の経済大国となっていたにもかかわらず，である．

その後 1980 年代になるとサミットは政治的メッセージを強く発する場となり，冷戦の激化をふまえ，ソ連のアフガニスタン侵攻（1979 年 12 月開始）への批判，東側諸国での人権問題の批判もサミットの宣言文に記載されるようになった．加えて，冷戦が終わると，民主主義，人権，市場経済という点で参加国の共通の価値観をもとに，グローバルな課題を議論する場として意識されるようになった．

（宮脇，2011）

解説

日本と欧州の EPA

日本にとって 13 番目となる EPA（経済連携協定）の相手は，巨大統一市場をもつ EU であった．2013 年から始まったこの交渉が合意され，2019 年 2 月に発効した．世界人口の 1 割弱，GDP（国内総生産）で世界の約 3 割をしめる世

界最大規模の自由貿易圏となる.

　日本にとってのEPAのメリットは，日本の主力産業である自動車（乗用車，自動車部品）をEUに輸出をする際にかかっている関税をなくすことで，欧州における日本車の販売が増えることにある. デメリットは，おいしい欧州のワインの無関税化により，日本国内でワインが割安になり，競合する日本酒や焼酎は苦戦を強いられる. 同様に，カマンベール等のチーズも関税撤廃で安くなるため，北海道をはじめ酪農産業が盛んな地域にとっては厳しい競争を強いられる. それゆえ，輸入品の無関税化については，国内産業の競争力をつけるために，段階的措置や経過措置をとることがのぞましい. むろんこのデメリットは生産者の視点であって，消費者としては海外の良質のものが安く入手できることはメリットである.

　合意交渉のゲーミングは，G7以外でも対象化できる. G20，国連安保理，EU理事会，TPP等の多国間交渉から，日米首脳会談，日ロ首脳会談，日本・EUの経済連携協定（EPA）のような2国間の交渉等，対象は多様である.

　本章では，多国間会議のG7ゲーミングに加えて別の事例として，2国間交渉である日欧EPA交渉も素材とする. 2国間であるため単純化しやすいのというメリットがあると同時に，争点が関税比率やその撤廃期限をめぐる数字をめぐる貿易交渉であるだけに，譲歩や勝敗がわかりやすいのが特色である. 日本とEUのEPA（経済連携協定）の締結交渉（2013年4月から2017年7月）では，EUから輸入するチーズに課されていた29.8％の関税について，低関税輸入枠を段階的に設けてこの枠での関税は協定発効16年目に0％となる. ワインの関税は協定発効時に即時撤廃される. 国内のチーズ生産農家にとっては，時間の猶予があるとはいえ大きな痛手になろう. 国産ワインについてはその打撃には猶予がない. 国産ワインだけではなく，競合する日本酒，焼酎にもいずれ悪影響がでるであろう.[6] 逆に乗用車の輸出については，EUが日本車に課している10％の関税を7年かけて撤廃する. ちなみに日本が輸出しているしょうゆ（7.7％），緑茶（3.2％）の関税も即時撤廃される. この協定で結果的に，世界のGDPの約28％（2016年）を占める巨大自由貿易圏が成立するのであるが，こうした世界的意義よりも両者の抱える政治的状況がこの交渉の妥結を推進した

ことは間違いない.

　この交渉は，各レベルでの交渉を経て 2017 年 7 月の首脳会談（安倍首相，トゥスク EU 大統領，ユンケル欧州委員長）で合意され，2019 年 2 月に発効した.

3　合意作成ゲーミングのルールと方法

1　簡単なルール

　合意文書の採否の決め方は，コンセンサス方式とする. すなわち，一国でも反対すれば文書は採択されない. 国際連盟がとっていたような全会一致制は，投票による意思表示を求めるが，サミットや主たる国際会議では反対意見がない状態をもってコンセンサスとする. すなわち，無視や単に不満げな表情を示す態度であっても，すべて Yes として理解される（「沈黙は Yes」）.

　草案の段階で各国の意見をどの程度議長国が反映するか，ゲーミング本番の時間で各国の利害の調整がどの程度進むかが決裂回避・文書採択の鍵を握る.

　全体的な統一ルールは，この決定方式すなわちコンセンサス方式を採択する点のみである. むろん安保理シミュレーションの場合は拒否権をもつ 5 大国＋3 常任理事国（8/15）のように，対象とする国際会議の実際のルールにあわせたがほうがよい.

2　プレ草案（素案）を作成する

　現実のサミットや交渉には，たたき台となる草案（draft）がある. この草案をゲーミングでゼロから作成するのは，大変困難である. そこで，近い過去の合意文書をウェブサイトからダウンロードする. この文書を素案，すなわち草案の「プレ」（プレ草案）として，加工する. どう加工するかは工夫次第だが，一番容易な方法はプレ草案をそのまま配布することである（詳細は第Ⅲ部第 11 章参照）.

　G7 サミットゲーミングの場合には，プレ草案（素案）をアクター（G7 各国）に教員（あるいはゲーミングのプロデューサー）が事前に配布した段階で，事前学習が始まる. 日欧 EPA 交渉の場合も争点と数値だけを簡潔に記した素案を作成する.

　合意作成ゲーミングの肝の 1 つは，このプレ草案をめぐって，各国が国益に基づいて設定した秘密目標・制約をもとに交渉することにある．

　例えば，次の通りである．

　G7 サミットのゲーミングの場合は，晃洋書房 HP 上に掲載している参考資料（http://www.koyoshobo.co.jp/news/n32248.html）のような素案を作成する．

　日欧 EPA の場合には，実際の合意結果（次項参照）をもとに，双方の要求水準をあえて高めた内容に変更して提示する．なぜなら現実の合意の多くは，もともと双方が欲していた目標を 100％達成したものではないためである，それゆえ対立する 2 者の「希望」（目標の最大化）と「生命線」（譲歩できないライン）をおりまぜて素案としてゲーミングをスタートすることで交渉は自動的に始まる．

［ゲーミング用の素案］

EU・日本間 EPA ゲーミング用
大枠合意素案

・日本が EU から輸入するチーズに課されていた 29.8％の関税について，低関税輸入枠を段階的に設けてこの枠での関税は協定発効 5 年目に 0％とする．
・EU が日本車に課している 10％の関税を即時撤廃する．

3　国益を同定して秘密目標・制約を作成する

　秘密目標・制約を作成するには，当該分野における当該国の国益を調べる必要がある．自由貿易の分野における日本の国益は，国内農家の保護のため農産品については関税を維持したいが，自動車の輸出のために相手国の関税を減らしたいという国益がある．この 2 つの争点をめぐって 2 つとも譲歩できないのだろうか．

　上記から推測すると，農産物・自動車の 2 つの争点をめぐる日本と EU の国益を簡潔に勝敗で記せば，**図 7-1** の通りである．

　この日欧交渉において，日本側にも EU 側にもこの交渉を進めたい，すなわち決裂させたくない政治的思惑があった．一方で日本側は，同年 7 月の東京都議会選挙で都民ファーストの会（当時，小池百合子代表）の躍進と自民党の大敗

図7-1　日本・EU の EPA 交渉の利益

を受けて安倍政権が支持率回復のために外交に活路を求めていた．他方で EU
側には，イギリスの EU 離脱の国民投票（2016 年）やアメリカのトランプ政権
の保護貿易主義への転回のため，貿易自由化を進めることで自由貿易の旗手と
しての EU の未来像を求める必要があった．双方とも輸入品目については国
内・域内産業保護の観点から関税を維持したいというインセンティブがあり，
逆に輸出品目については相手側の関税を下げたいという思惑があった．これら
のインセンティブや思惑をゲーミングでは秘密目標・制約に変換する．

4　秘密目標・制約の設定

　国益に基づいて，秘密目標と制約を考えるのが次の作業である．

　**秘密目標：当該国がゲーミングで達成するべき秘密の目標．具体的に「Aは
Bについて……する」あるいは「AはBについて相手側に……させる」と記述
し，複数目標間で優先順位をつける**（例えば優先順位が高い順に獲得点数を高くす
る）．

　**秘密制約：当該国がゲーミングで絶対に遵守し，あるいは譲歩してはならな
い内容**（拒否点）．**具体的に「AはBについて……せねばならない」という表現
で記述する．あるいは譲歩してはならない内容は，否定文にして目標におく**
（「AはBについて……まで譲歩してよい」ではなく「AはBについて……以上は譲歩できな
い」）．**複数の制約を設け，その制約間で矛盾がないようにする．**

　双方とも条件を付する場合がある．例えば「……の場合には，AはCに……

を求める」といった具合である．

　ゲーミングの作成において，この過程を目標・制約としてルール化することは専門家をもってしても完全ではない．たとえ現実の会議の一交渉者が自らの経験をもとにゲーミングを作成するとしても，他の交渉者の利得や交渉内容等を完全に把握しているわけではない．実際の目標が何であったのかといった舞台裏が完全に明らかになることには歳月を要する．また日欧 EPA 交渉にみられるように，4 年の年月を経て合意に至る場合には各国の国益も徐々に変化するため，目標・制約も交渉中に変遷するのが常である．

　しかし，サミットや貿易交渉のように会議が国際的にメディアで注目されているならば，報道等によって各アクターの一定の利得情報を入手できる．この利得情報は，交渉が始まった段階では漏れてこない．情報がメディアで報道されるようになるのは，交渉が困難で決裂しそうな場合や最終局面である．なぜならば，民主的国家においては，たとえ外交交渉を政府に一任しているとしても，国内世論への説明の政治的責任があり，合意形成後にまとめて説明するのは世論の激昂を招き支持が得られない可能性があるため，少しずつ情報を世論に提供して反応をみたり慣らしたりすることが政治的技術として求められるためである．

　合意作成ゲーミングは，民主主義国家の恩恵と報道等の知識提供を通じて，ルールを作成することが可能となる．むろん報道される事実は氷山の一角であり，各国の基本的な国益や政策について教員・学生ともに可能な範囲で事前学習を要することは言を俟たない．ただしその事前学習は，インターネットの検索サイトで得られる程度の情報で十分である．

　先述の日欧 EPA 交渉をもとに秘密目標・制約を抽出してみよう．秘密目標は「勝利」のため，制約は「敗北しないため」のものである．ここでは簡潔に各国の目標には輸出品目を多くおき，制約には輸入品目を多くおく．

日本側（J）の秘密目標

　J-1）EU の自動車関税を即時撤廃させる（10 点）

　J-2）EU の自動車関税を次の年限で撤廃させる．1 年後（9 点），2 年後（8 点），3 年後（7 点）……9 年後以降（1 点）

J-3) ソフトチーズの輸入枠の関税を０％とするのは，協定発効17年目とする（１点〔もし18年目ならば２点，19年目ならば３点，20年目以降ならば４点〕）．

J-4) 制約の範囲内で交渉を妥結する（４点）

日本側の秘密制約（譲歩できない拒否点）

・ソフトチーズの低関税輸入枠を設ける場合には，協定発効１年目に２万トン以下とせねばならない．

・同じく輸入枠の関税を０％とするのは，16年目以降とせねばならない．

・目標の点数が３点未満になりそうな場合には，交渉を妥結せず，合意文書に反対せねばならない（交渉決裂）．

EU側の秘密目標

E-1) 日本にソフトチーズの低関税輸入枠を設けさせる（３点）

E-2) E-1について，協定発効１年目に２万トンとする（２点〔１万トン増えるごとに+１点〕）．

E-3) E-1について，16年目に４万トンまで拡大させる（２点〔１万トン増えるごとに+１点〕）．

E-4) EUの自動車関税を次の年限で撤廃する．早くとも７年後（１点），９年後（２点）……15年後以降（５点）

E-5) 制約の範囲内で交渉を妥結する（２点）

EU側の秘密制約（譲歩できない拒否点）

・自動車の関税撤廃（０％）期限を７年後以降とせねばならない．

・目標の点数が３点未満になりそうな場合には，交渉を妥結せず，合意文書に反対せねばならない（交渉決裂）．

　交渉をより妥結しやすくするには，争点を増やすことが好ましい．具体的には，サイド・ペイメントと呼ばれる交渉材料があったほうが好ましい．日欧EPA交渉の場合には，日本の輸入品目として豚肉，牛肉，ワイン等が挙げられる．EUの輸入品目としては，しょうゆ，緑茶が該当する．しかし，サイド・ペイメントを目標に埋め込むことによって交渉内容が複雑になることは避けられない．本章では簡潔を期すためサイド・ペイメントを省略したが，可能

であれば，低めの点数で目標化すれば交渉が妥結しやすい．ただし争点が多くなる分，交渉時間を要し，さらに制約化しないほうがよい．交渉相手にとって，サイド・ペイメントであることを早期に認識させることが交渉の早期妥結の肝である．

5　ゲーミングの進め方

　素案をもとに，秘密目標・制約をプレイヤー（学生）が策定したならば，それを教員（プロデューサー）がチェックする．内容的にいかにも不適合な場合には修正させる．その上で，この秘密目標・制約を司会・議長国に送り，司会・議長国が草案を作成する．

　G7のゲーミングの場合は，晃洋書房HP上の参考資料を参照してほしい．

　EU・日本EPAの場合には，関税撤廃の期限や枠の数字を素案（たたき台）よりやや低くした草案にすることが望まれる．

4 実際のゲーミングの経過(1)
―― G7タオルミーナサミット環境大臣会合を事例に ――

1　事前準備（第1段階）

　2017年のG7タオルミーナサミット（イタリア）の1つの会議として開催されたG7ボローニャ環境大臣会合の合意をもとに，2017年夏に執筆者が担当するゼミにおいて，学生をプレイヤーとして実施した．また現実に即して議長国はイタリアに設定した．プレイヤーは担当国家の政策や国益を1週間で事前学習し，それを目標・制約化した．

- **第1段階**として，現実のG7サミット・ボローニャ環境大臣会合の共同声明を，外務省のウェブサイトより入手した．
  (http://www.env.go.jp/press/files/jp/106094.pdf)

- **（1週目）**上記を素案として各プレイヤーに配布し，文書のどの表現をどのように変えたいか，自国の国益にしたがって箇条書きで**目標化**させた（情報教室での作業）．

・同時に，文書採択に至る交渉過程で譲れない拒否点を箇条書きで**制約化**させた（１週目→２週目の宿題）．

・（２週目）これらについては受講生自身に調査を課し，その後教員が内容をチェックした．

2　草案作成（第２段階）

　草案作成は２段階に分けた．第１段階として，先述の通り，現実の G7 ボローニャ環境大臣会合の共同声明をウェブサイトより入手した．これを素案として各プレイヤーに配布し，文書のどの表現をどのように変えたいか，自国の国益にしたがって箇条書きで目標化させた．同時に，文書採択に至る交渉過程で譲れない拒否点を箇条書きで制約化させた．これらについては受講生自身に調査を課し，その後教員が内容をチェックした．

　この目標と制約はゲーム終了まで秘密とした．ただし，議長国にはあえてこれらの情報を共有させた．そのことにより，文書採択にむけての調整が容易となる．これは，ゲーミング実施の時間が 90 分に制約されていることを考慮したためである．

　第２段階として，各国の目標・制約をふまえて議長国が素案を修正し，議長国案を作成した．これが草案である．

　今回の事例においては，90 分授業にあわせるべく，争点を文書項目の１と２に絞った．講義の目的に即して，現実の共同声明にあった項目３以降を削除した．

3　当日の進行（晃洋書房ウェブサイトに合意文書の変更点を変更履歴つきで掲載）

　議長国をはじめ各国からの挨拶の後，議長国が草案を読み上げる．その後４つの争点ごとに各国から意見表明がなされる（Statement Phase）．意見表明の後，交渉時間を設ける（Negotiation Phase）．交渉は秘密でもよいし公開でもよい．交渉の後に議長国が草案を修正しプロジェクターで提示する（Draft-setting Phase）．各争点は 15 分に時間を限った．

　４つの争点すべてが終わった後，争点間取引のための最終交渉のフェーズを設定した．その後，最終的な草案を議長国が提示し，修正部分についての可否

図 7-2　G7 ゲーミング（於　立命館大学）

を各国に提示する．コンセンサス方式のため，1 カ国でも反対する場合には，その争点全体の文書が不採択となる．

- 争点ごとに各国から意見表明がなされる（Statement Phase）．意見表明の後，交渉時間を設ける（Negotiation Phase）．
- 交渉の後に議長国が草案を修正しプロジェクターで提示する（Draft-setting Phase）．
- 2 つの争点の終了後，争点間取引のための最終交渉のフェーズを設定した．
- 最終的な草案を議長国が提示し，修正部分についての可否をディスプレイで各国に提示し，1 つをのぞきすべて採択された．
- 終了後，完全情報化・完備情報化のために秘密目標・制約の公開と交渉過程の回顧の集約を実施．

5　実際のゲーミングの経過(2)
── 日 EU の EPA 交渉 ──

1　事 前 準 備

当時の新聞記事等に記されている背景資料を配布してもよかったのだが，あ

えて配布しなかった．交渉過程に影響を与えてしまうことが懸念されたためである．なおプレイヤーはプレイヤーの希望に応じて日本側4名，EU側3名とした．

2　秘密目標・制約の作成

本章第3節で先述の内容の目標・制約を教員が作成した．このゲーミングは2つの主体に限られており，先述の作成方針にしたがい20分程度で作成した．

3　当日の進行

日欧交渉ゲーミングにおいては，あえて特定の議長（司会）をおかず，プレイヤー間での互選によりEU側代表が進行の任にあたった．当日の進行概要は下記の通り（詳細はウェブサイト参照）．

　　　配付資料：草案，全体のルール，各アクターに個別の秘密目標・制約
　　　必要備品：可動机・椅子，EUと日本の旗，マイク2本，議事録作成用の
　　　　　　　　PCとディスプレイ

図7-3　日欧EPA交渉ゲーミング（於　立命館大学）

［抄録］なお時刻は開始時間からの実際の経過時間を記す

0：00　開会挨拶

EU 側の挨拶

日本側の挨拶

0：03　Agenda 1：　自動車

草案についての EU 側のステイトメント：

第1議題の自動車輸入については，EU が関税の 14 年後の撤廃を主張した．

草案についての日本側のステイトメント

0：05　Agenda 2：　チーズ

第2議題冒頭で日本側が作戦立案のための休憩時間を求めたため，一時散会
（5 分程度）．

草案についての EU 側のステイトメント

低関税輸入枠について，1 年目 6 万トン，8 年目までに 10 万トン，
16 年目までに 12 万トンとすることを日本側に求めた．

草案についての日本側のステイトメント

25 年目をめどに枠を設けたい．

0：15　General Discussion and Negotiation（全体討論と交渉）

2つの分野について連携（リンケージ）しながら合意点を探る．

EU）自動車関税の即時撤廃には同意できない．折衷案として 9 年後の撤廃で
　　はどうか．

日本）チーズは 12 年後なら撤廃してもよい．

EU）それなら，自動車・チーズともに 12 年後ではどうか．

……

縷々提案のうえ，下記の 1 次案が提案された．

日本）チーズについては，協定 2 年目から段階的に拡大し，6 年目に 9 万トン
　　の低関税輸入枠を設ける．

EU）いずれについても即時撤廃の枠が必要．

その後 2 次案が EU 側から提案される.

EU）最終提案として，自動車 9 年，チーズ 16 年目に 10 万トンではいかがか. チーズ 10 万トン，自動車 8 年でもよい.

日本）1 年目に 5000 トンまで譲歩する. そのかわり EU は自動車で譲歩すべきである.

1　EU が日本車に課している 10％の関税を協定発効 7 年目から撤廃する.

2　日本が EU から輸入するチーズに課されていた 29.8％の関税について，協定発効 2 年目から低関税輸入枠を段階的に設けてこの枠での関税は協定発効 16 年目に 9 万トンまで拡大する.

1：10　交渉結果をふまえた最終合意案作成

教室のディスプレイの画面上の合意文書に Word の変更履歴をつけて修正箇所を明示. 修正箇所を日本側代表が読み上げた.

1：15　最終案への合意

EU，日本双方とも最終案に合意.

1：18　閉会挨拶

EU 側の挨拶，日本側の挨拶が簡単になされた.

終了後　ディブリーフィング（10 分程度）

　両者の目標獲得点数を計算し，EU 側は 19 点満点中 12 点，日本は 27 点満点中 11 点となった. 均衡解に近いものとして現実の解である実際の日欧合意の新聞記事をディスプレイに投影した.

　教員が標準的な現実解（現実世界の交渉合意内容）を紹介し，それを今回のゲームの目標獲得点数にあてはめると，EU 6 点，日本 7 点となったことを示した. 現実解と比較すると，相対利得では日本は敗北したが，絶対利得では双方とも現実解を上回った. その後，秘密目標・制約を交換（相互に公開）してディブリーフィングをした. なおルール作成者たる教員より，チーズについては時期と量の双方が争点となっていたが，自動車については時期のみが争点となっており，譲歩可能性が非対称であったことが説明された.

　最後に，ゲーミングのルールの不備についての指摘がプレイヤーからなされ

た．以下の通りである．

・双方に相対利得についての目標・制約がない．
・チーズ低関税枠の0％枠への移行目標の明示がEU秘密目標になかった．
・自動車7年に対するチーズのバランスが焦点であった．
・EU側はシンプルな目標設定であったが，日本側は異なった．

これらの改善点については，次回以降のゲーミングで適宜修正される予定である．

6　What and Why 期待される学習効果と検証用課題

合意作成ゲーミングの学習目的は，仮想世界たるゲーミングを通じて現実世界の構図を学ぶことにある．すなわち下記の通りである．

What：現実世界：交渉の現実を知らない．
　　　　仮想世界：交渉を通じて争点課題を学ぶ．
Why：現実世界：交渉を通じて国益を守るため．
　　　　仮想世界：争点の取引を通じて国益をどの程度守るのかという交渉自体を経験する．

学習効果の検証は次の手段による．
1）ディブリーフィングのための感想用紙記入，ディブリーフィングにおける議論の状況
2）レポート課題（例）
　　a）サミットには，国連やEUのような常設事務局がありません．それでも毎年滞りなく開かれているのはなぜでしょうか．ゲーミングの経験をふまえて考えてください．
　　b）サミットをゲーミングで実施する際に，議長国は毎年交代しています．議長国の役割とは何ですか．また日欧EPA交渉のように議長国がない場合には，交渉成立に向けてどのような努力が必要とされますか．

　学習効果の検証手段であるレポート課題を通して，学生は自ら獲得した知識と経験を対象化することができる．これにより，思うように点数を獲得できなかった学生の自己肯定感の回復が期待される．

（謝辞）本章は，JASAG2016 年度春季大会での報告を大幅に修正したものである．また執筆にあたっては立命館大学政策科学研究科博士後期課程の清嶋友喜氏をはじめ大学院生の助力を得た．この場を借りて謝意を表したい．

注

1）「G7 環境相会合閉幕　米抜き「パリ協定」推進　結束示せず」『毎日新聞』2017 年 6 月 13 日．
2）20 世紀末からロシアが G7 に段階的にではあるが，正式に加わり G8 と呼ばれるようになった．ただし 2014 年にウクライナのクリミア半島をロシアが軍事占領しその後一方的に併合したことにより，ロシアは G8 のメンバーとしての資格が停止され，2014 年以降は再び G7 として開催されている．
3）G7，あるいは G8 には，首脳会議だけではなく各分野の大臣会議や蔵相・中央銀行総裁会議等も含まれている．サミットについての本章の紹介は，宮脇昇（2011：81-91）に依拠した．
4）Siglinde Gstoehl, *Global Governance und die G8*, LIT Verlag, 2003, S.20-21. なお後述するように現在の G8 には欧州委員会（EC）及び，欧州連合議長国も参加している．
5）正式参加国拡大の試みがあったが，1990 年代のロシアの参加を除いて実現していない．ただし近年アメリカでは，ロシアの非民主主義的傾向に反対する立場から，ロシアを G8 メンバーから外すべきだという意見が特に共和党から挙がっている．
6）かつて，バナナをほとんど輸入している日本が貿易自由化交渉でバナナの低関税化に抵抗を示したのは，国内のリンゴ農家のためであったといわれているように，国内の競合産業は多い．

参考文献

近藤敦・玉井良尚・宮脇昇（2016）「ゲーミング＆シミュレーションの開発を通じた国際公共政策の理解と学習」『政策科学』23 巻 4 号，pp. 229-245.
宮脇昇（2011）「サミットと国際レジーム」庄司真理子・玉井雅隆・宮脇昇編『新グローバル公共政策　改訂版』晃洋書房.
宮脇昇（2005）「「駆け込み核戦争」は防げるか？──国際政治のシミュレーションの課題──」『松山大学論集』第 15 巻 6 号，pp.115-133.

第8章
グローバル・シミュレーション・ゲーミング
──立命館大学国際関係学部における実践──

河村律子

1 GSG の展開

1 正課授業までの展開

　立命館大学国際関係学部におけるグローバル・シミュレーション・ゲーミング（以下，GSG と記す）の歴史は，学部創設の 1988 年にさかのぼる．創設当時の学部長であった関寛治が中心となって行っていたもので，政策決定者の役割の「まねごと」を演じ，政策決定者が世界をどのように見ているのかを体験する，また，「地球的問題群」の解決に向けて議論することで，政府を越えた NGO などの協力の必要性を体感する，といったことをねらいとしていた（関，1997：85-89）．この点において，現在まで GSG は一貫して同じ観点を持っている[1]．つまり，GSG は教育支援ツールとしての性格を強くもっているのである．

　当初は授業の枠組みを超えたものとして GSG が開催されていたが，1997 年度より 1 年生全員が受講する「基礎演習」の春学期授業の一環で行われるようになった．つまり，国際関係学部に入学して間もない学生が，国際関係に関する基礎知識の少ない中で行っていたこととなる．GSG 実施にあたって十分な事前学習をすることも困難であった．

　これらを解決するために，2002 年度から 2 年生の正課科目として独立した．さらに 2003 年度からは登録必修科目となり，2 年生全員が受講することとなった．事前学習，GSG 本番，事後学習という 15 回相当の授業を構築し，導入期教育の総まとめであり，かつ，専門教育への橋渡しをする重要な基幹科目と位置付けられた．この 15 年間で 4000 人程度の学生が GSG を体験したこととなる．

2　クラス授業と日英クラス合同開催

　2003 年度までの GSG 実施の特徴の 1 つに，学生および院生がスタッフとして大きくかかわっていたことがある．GSG における主体はもちろん各国政策決定者や国際機関，NGO 等のアクターであるが，アクター以外に，ゲーミングの実施を支援するスタッフが多数存在した．それは 2003 年度に GSG が正課となったときも引き継がれた．すなわち，ルールの策定，事前学習および事後学習の運営，GSG 本番の進行管理などをスタッフが一手に引き受けていた．正課であるから，当然，担当教員が 2 ～ 3 名いるが，当時すでに 300 名規模となっていた 1 学年全員が繰り広げるゲーミングを数名の教員で把握し運営するのは困難で，スタッフ学生の力を借りることで授業の実施ができていた．当時のスタッフ学生の GSG にかける意気込みは相当なものであり，1 年生でスタッフとなってから卒業まで GSG に関わり続け，さらには卒業後も GSG 本番には欠かさず駆けつけるほどであった．

　また，この時期の GSG の特徴として，コンピュータを使用して自動化されたルールがある．正課授業となる前から，各アクターのいくつかの力を表す「変数」（資金，経済レベル，科学技術レベルなど）を設定しており，それを自アクター独自の，あるいは，他アクターに働きかける「行動」（経済レベル開発アクション，科学技術レベル開発援助アクションなど）によって上下させる，というルールが存在した．正課授業となるのと同時期に，この操作と変数変化を一定程度自動化させることができた．このことは交渉によって自アクターにどのような変化が起こるのかを明示できるというメリットがあった（丸岡，2007）．

　しかし，自動化することによって，ゲーミングが「ゲーム」化するという弊害が出てきた．つまり，ゲーミングの目的は交渉をシミュレートすることによって現実世界を体感することであるのに，自アクターに割り振られた変数の値を上げることが目的となってしまい，学生たちが専らそれに集中する傾向が出てきたのである．しかも，これらの変数やアクションは現実世界をもとに設定してはいるが，モデルの限界があり，ゲーミングの結果がおよそ現実から懸け離れたものとなることもあった．さらには，担当教員の目が行き届かない，という課題もあった．

　こうしたことから，2012 年度から GSG 授業を小クラス制として担当教員を

各クラスにあて，また，「変数」と自動化した「行動」をルールから削除した．これによって，より現実に近いゲーミングの場を設定し，課題設定，政策決定，交渉，という一連の行為を重視するルールに変更した．

　さらに，国際関係学部に2011年度，主な教育言語を英語とするグローバル・スタディーズ専攻（GS専攻）が設置されたことから，2015年度からは既存の国際関係学専攻（IR専攻）とGS専攻の合同での授業を行うこととした（2012年度から14年度のあいだ，GS専攻は独自にGSGを行っていた（河村, 2014））．IR専攻とGS専攻の合同授業となり，公用語は日本語と英語であるが，文書はすべて英語とした．また，英語がそれほど得意でないIR専攻の学生，日本語があまり分からないGS専攻の学生を繋ぐために，上回生のバイリンガル学生によるサポートを入れるなど，さまざまな工夫を行っている．一方，「変数」はいったん完全に削除したが，実社会と懸け離れた交渉が起こってしまうのを避けるために，財力を示す数値を再度設定している．さらに，2018年度に国際関係学部にそれまでの国際関係学科（IR専攻およびGS専攻）に加えて，アメリカン大学・立命館大学国際連携学科（JD学科）が設置され，2019年度からは彼らも加わった授業となった．

　以下の節では，2015年度以降のGSGについて詳細に述べることとする．

2　GSGの授業展開

1　テーマとアクター決定

　GSGの授業は毎年春学期に開講しているが，その準備は前年度秋学期から始まる．この時期に行われるのは，テーマ設定とクラス選択である．11月ごろにはGSGクラスを担当する10〜15名の教員が決まるので，まず教員がテーマ候補を複数設定し，それを学生に提示して学生に希望アンケートを取る．例えば2017年度[2]のテーマ候補は，国際安全保障問題，紛争解決と紛争後の社会形成の問題，国際食料・水問題，エネルギーと気候変動問題，国際移民・難民問題などであった．これらのなかで，学生アンケートの結果を踏まえて，安全保障問題をテーマとすることに決定した．

　次に，このテーマに従って，アクターカテゴリーと各カテゴリーで想定する

表 8-1　2017 年度 GSG の各クラスのアクターカテゴリーとアクター

授業での使用言語	アクターカテゴリー	アクター
日本語	新興・途上国（アジア，ラテンアメリカ）	中国，北朝鮮，フィリピン，パキスタン，ベトナム
日本語	新興・途上国（中東，アフリカ）	ナイジェリア，イラン，サウジアラビア，ケニア，ジブチ
日本語	国際機関，NGO，社会組織	IAEA，UNHCR，国際赤十字，アルカイダ
日本語	先進国（ヨーロッパ）	イギリス，ドイツ，ロシア，ポーランド，スウェーデン
日本語	先進国（アジア，太平洋）	日本，カナダ，メキシコ，オーストラリア，イスラエル，シンガポール
日本語	メディア	読売新聞，BBC，CNN，Times of India，アルジャジーラ
英語	国際機関，NGO	国際連合，UNDOC，WFP，Amnesty，Oxfam，Save the Children，World Vision，ICAN
英語	新興・途上国（中東，アフリカ）	シリア，イラク，パレスチナ自治政府，エジプト，スーダン，トルコ，リビア
英語	先進国	アメリカ，フランス，イタリア，韓国，台湾，ベルギー
英語	新興・途上国（アジア，ラテンアメリカ）	インドネシア，タイ，ミャンマー，インド，スリランカ，キューバ，東チモール

　アクターを設定する．アクターカテゴリーはそのまま授業でのクラスとなる．
1 クラスの人数は年度によってことなるが，20 名～30 名程度である．ここで
特徴的なことは，日本語と英語それぞれでクラス授業を行うクラスがあること
である．GS 専攻の学生は英語のクラスを選択するが，IR 専攻の学生はいずれ
のクラスも選択できる．とくに英語圏の国への留学を予定している学生は英語
クラスを選択することが奨励される．2017 年度は日本語 6 クラスと英語 4 ク
ラスを設置した．それぞれのアクターカテゴリーと設置されたアクターは**表
8-1** の通りである．学生は 1 月にこれらのアクターカテゴリーの希望順位アン
ケートに答え，それに基づいてクラスが決定される．先進国カテゴリーとメ
ディアカテゴリーに希望者が多く集まる傾向があるが，おおむね第 3 希望まで
のカテゴリーに収まっている．

2　事前学習前半

　当該年度の春学期が始まると，**表 8-2** のスケジュールで授業が行われる．第 1 回から 10 回は事前学習，第 15 回は事後学習で，これらは通常の授業時間に行われる．第 11 回から 14 回は GSG 本番で，これは土曜日の 4 コマ分を使って行われる．授業形態にはいくつかの種類がある．「個別クラス」はクラスごとに担当教員のもとで行われる授業である．「合同」はクラスの枠を超えて学生全体が混じった状態で進行する授業であり，その中間的な形態が「準合同」の 2 ～ 3 クラスが共同して行う授業である．

　事前学習の目的は，GSG 本番において各アクターが有意義に行動できるように準備することである．そのために，前半はテーマおよびアクター研究を行い，後半は他のアクターの情報を得つつ，本番に向けた事前交渉を進めていく．その際にもっとも重要なことは，各アクターが現実のアクターが取りうる行動と同様の行動をすることである．アクターによっては，個々の学生の理想とする行動とは異なった動きをしている場合がある．学生にとっては，国家間の対立はできれば避けたいとの心情が働く．そのために，現実には対話の成立しない国家間に友好関係が結ばれることもありえる．これは避けなければならない．

　現実のアクターが取るであろう行動を行うためには，まず自己アクターについて学ばなければならない．事前学習の前半において，まずアクター研究を行う．アクターのうち，アメリカやヨーロッパの国々は日々のニュースで報道さ

表 8-2　2017 年度の授業スケジュール

回	内容	授業形態
1	ガイダンス・アクターの決定	個別クラス
2	テーマおよびアクター研究 1	個別クラス
3	テーマおよびアクター研究 2	個別クラス
4	テーマおよびアクター研究 3	個別クラス
5	テーマおよびアクター研究 4	準合同
6	アクタープレゼンテーション	合同
7	政策検討会 1	個別クラス
8	ミニ GSG 1	合同
9	ミニ GSG 2	合同
10	政策検討会 2	個別クラス
11-14	GSG 本番	合同
15	事後学習会	個別クラス

れることも多く，情報源は多い．しかし，例えばアフリカの国々を担当する学
生にとって，情報を得ることはかなり困難である．外務省のサイト[3]や
Wikipedia は手ごろな情報源であるが，ここで入手できる情報だけでは十分で
はない．外務省サイトでは日本と当該国との関係については一定の情報がある
が，GSG で求められるのは，他のアクターとの関係である．それを調べるた
めには，かなりのアンテナを張る必要がある．

　また，国家以外のアクター，すなわち，国際機関，NPO，企業（企業は年度
によりアクター設定する場合としない場合がある），メディアも，それぞれの立場を
把握しておかないといけない．

　これらの情報は，「アクタープレゼンテーションレジュメ」のフォーマット
に記入して提出し，参加学生全員が共有することによって，ゲーミングの基礎
資料となる．そのため，このレジュメを正確かつ詳細に記述することが，自己
アクターがゲーミングにおいて有効に行動できる必要条件となる．このレジュ
メに記載する事項は，a）自アクターの政治体制や設立目的と略史，b）自ア
クターの近況や課題およびテーマに関する課題，c）GSG 本番での立場や政
策，の3点である．なお，これはすべて英語で記載することとしている．

　ゲーミングのテーマは，前述の通り，前年度のうちにアンケートに基づいて
決定されている．2012年度以降，開発，環境問題，安全保障，食料安全保障
といったテーマが設定されてきたが，これは包括的なものであり，具体的な課
題を限定してはいない．課題はアクターによって異なり，課題によって交渉対
象も異なる．したがって，設定されたテーマのなかで自己アクターにとって優
先的に取り組むべき課題を見つけ，自己アクターがどのような位置にあるのか，
他アクターに対してどのような政策をとっているのか，といった現状把握がま
ず必要になる．そのうえで，どのアクターを交渉相手としてどのような政策を
立てるのか，ゲーミング上の戦略を考えることが可能となる．

　これらの自己アクターとテーマに関しての研究を進め，ゲーミングにおける
基本方針を立て，それをアクタープレゼンテーションで発表する．これは英語
で行う．日本語クラスの学生にとって，これは最初の難関である．十分に準備
すればプレゼンテーションを行うことはそれほど問題ではないが，ややもする
とレジュメの掲載事項を機械的に読み上げるのみになってしまう．また，内容

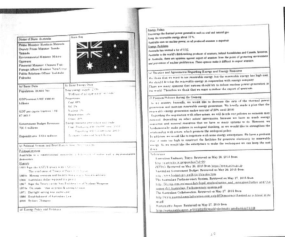

図8-1　アクタープレゼンテーションとレジュメ

についての質問に英語で答えることは，もちろん問題ない学生もいるが，多く
の学生にとってハードルが高い．しかし，これを越えないと本番での交渉論点
を具体的に設定することができない．バイリンガルの上級生の手助けも使いつ
つ，質問に答えることで，自己アクターの方針の曖昧さに気づいたり，方向性
の修正につなぐことができたりする．ここまでが事前学習の前半である．

3　事前学習後半

　事前学習の後半は，GSG 本番に行う他のアクターとの交渉を円滑に進めるために，交渉論点の具体化と交渉ルールの確認を行うことが主となる．ここではクラス単位の授業である政策検討会が2回，学年全体で行うミニ GSG が2回，それぞれ組み込まれている．

　GSG 本番では，交渉の具体的な成果として条約締結を目指すことが多い．条約は「国と国の間において文書の形式により締結され，国際法によって規定される国際的な合意」とする「条約法に関するウィーン条約」の規定を，GSGにおいても適用する．すなわち，国家間に合意が形成されていなければならず，文書を作成しなければならない．GSG 本番は3タームの合計6時間をかけて実施するが，この時間内にこれらすべてを行うのはかなり困難なことなので，事前学習の時点から合意形成と文書作成にとりかかることになる．

　とは言え，合意形成と文書作成に至るまでのプロセスは簡単ではない．事前学習の前半で検討した自己アクターの政策を実現させるために，対象アクターに交渉し，政策の意図を説明し，合意を得られるよう修正をする．その「交渉」も，単に相手に会いに行く，というものではない．GSG においては，対面交渉の際に，事前に相手アクターにメールにてアポイントメントを取ることをルールとして設けている．こうしたルールを理解することもこの時期の事前学習の目的である．ミニ GSG では，本番と同様にアクター内交渉フェーズ，アクター間交渉フェーズを進行することで，アクター内での戦略調整と他アクターに対してのアクションの両方のバランスを知ることができる．

4　事後学習とレポート

　事前学習が終わればいよいよ本番であるが，その詳細は次節に述べることとして，ここでは事後学習とレポートについて述べる．事後学習の目的は，GSG本番の振り返りを行い，各自およびアクターとして立てた行動計画が本番において実行できたかを検証し，GSG 全体を総括することである．また，新聞やニュース放送も参考にして，本番中に十分にできなかった他アクターの動きを知ることも重要である．

　これらは各自が執筆する回顧録に反映される．GSG の授業においては各人

に2回のレポートを課している．1つは事前学習前半に提出する行動計画書で，各自の担当するアクターの現実の状況と課題，GSG 本番における政策や活動の実施計画，および GSG 全体を通じた獲得目標について執筆する．この獲得目標とは，アクターとして目指す目標ではなく，アクターを演じることによって各自が学生として得たい目標を指す．授業の到達目標を参考にしてもいいし，別途独自の目標を設定しても構わない．

　もう1つのレポートは，事後学習を終えた後に提出する回顧録である．内容は，行動計画の要約，本番の行動実績，GSG 全体のレビュー，自由記述である．このうち，本番の行動実績は，アクターおよび個人としての行動について，自分がどのような情報を利用して分析したのか，実際にどのような行動を行って，どのような成果が出たのか，そして，それらをどのように評価するかなどを記述する．そしてレビューでは，GSG 全体を振り返り，自分が GSG へどのように取り組んだのか，そして，それをどのように今後に活かしたいかを述べる．GSG は大学4年間のうちの初年次教育と専門課程を橋渡しする科目の位置づけを持っているが，回顧録の執筆によってその位置づけが強化されるのである．

　この2つのレポートのほかに，アクターのチームとしての提出物として，アクタープレゼンテーションレジュメとアクター班総括がある．チーム内で役割分担をしつつも，全員が責任をもって作成にあたる必要がある．

3 GSG 本番

　GSG 本番は，土曜日の全日を使って行われる．120分を1タームとし，3タームを行う．1アクターないし2アクターで1教室を使用し，その教室がそのアクターの「領土」となる．2アクターで1教室を使用する場合も，配置を工夫するなどして「国境」を設定する．1ターム120分のうち，はじめの25分間がアクター内交渉フェーズ，あとの95分間がアクター間交渉フェーズである．この95分間はさらに，35分間の国際交渉，10分間のアクター内打合せと，50分間の特設国際会議に分かれる．

　まず，アクター内交渉フェーズでは，アクターは領土内に留まって自己アク

図 8-2　国際会議の様子：多くのアクターが参加する会議
（上）と，２アクターの会議（下）

ターの内部での情報共有と方針協議・確認を行う．メールによって他アクター
との交渉を進めることは可能である．ただし，交渉は基本的に対面で行うこと
を推奨しているので，このフェーズでのメールはアポイントメント取りや対面
交渉の準備が主目的となる．

　アクター間交渉フェーズに入ると，対面での国際交渉である国際会議が可能
となる．国際会議は数カ国程度なら当該国のいずれかの領土内で行い，多数の
アクターによる会議は国際会議場で行う．特設国際会議の時間帯は，国連総会
など主として国際機関主催の多くのアクターが参集する会議が開催される．

　国際会議における交渉内容は，当然 GSG 全体のテーマに沿ったものとの制
約はあるが，かなりの程度，アクターの裁量に任されている．逆に言うと，ア

図 8-3　条約署名（上），掲示板に掲載された条約（下）

クター自らが交渉相手と交渉内容を現実に沿って設定しなければ，GSG 本番において「暇」なアクターとなってしまう．アメリカなどの大国なら他アクターが交渉を迫ってくるだろうが，そうしたアクターは GSG で設定されているアクターのうちのごく少数である．他アクターが交渉に応じるよう，的確で説得力のある交渉内容を設定しなければならない．

　GSG 本番での成果の 1 つが条約の締結である．条約は，二国間，多国間を問わず，締結したアクターの将来の行動を制約するものであるから，条文は当事者同士の議論を相当重ねることによって作成される．多くは事前学習時から練り上げているが，一方で，GSG 本番当日の動きの中で急遽作成される条約（名称は条約に限らない）もある．いずれにしろ，条約は当該アクターの代表者の

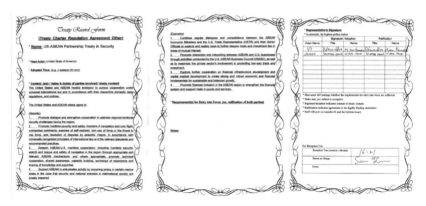

図 8-4　条約の例（3枚目上部に署名）

署名をもって成立する．なお，本来なら国内での批准手続きが必要であるが，GSG ではその手続きを簡略化している．

　ここまで国家アクターを念頭に本番の行動を述べたが，前述の通り，国家アクター以外に国際機関，NGO，メディア等の各アクターがある．国際機関アクターや NGO アクターは，それぞれの専門性を活かした国家間の調整や国際会議の開催，また，NGO は自らの主張をアピールするためにデモ行進を行うことがある．メディアアクターには新聞アクターとテレビアクターがある．GSG 本番において，各アクターは自らの交渉相手以外の行動は見えづらいという難点がある．そのため，メディアによる報道は情報提供手段として非常に重要である．各アクターがメディア向けに記者会見を開くこともあるが，多くの情報はメディア自身が足で稼いで取材する．そしてタームごとの定時新聞発行・ニュース放映とともに，号外発行・臨時ニュース放映によりタイムリーな情報提供を行う．取材から短時間で紙面・ニュース原稿を作成する能力が要求される．また，ニュース報道だけでなく，社説や特集番組放映によって，メディアとしての意見表明も可能である．テレビ放映は，現在，動画共有サービスのビデオストリーミングを使うことによって，生放送視聴と既放送の再生が可能となっている．

図 8-5　新聞の例と「放送中」の掲示がされたテレビメディアの教室

4　授業の効果

　大学における社会科学分野の授業は，一般的に講義を中心とするものが多く，それは国際関係学部においても同様である．しかし，本学部の 1988 年の設立当初は学部定員が少なく，少人数教育のメリットを最大限活かすことが目指されていた．その後学部定員は拡大してきているが，ST 比（教員 1 人当たりの学生数）は比較的少なめになっている．少人数教育は，単に 1 クラスの学生の少なさという数の問題を指すのではなく，小規模クラスゆえの授業の方法の高度化，つまり，質の観点を含んでいる．つまり，本学部では低めの ST 比を効果的に利用した授業の高度化を当初から目指していたのである．

　授業の質を高める方法はいくつも考えられるが，学生と教員の双方向性や学生主体の学びを促進するアクティブラーニングはその 1 つであろう．多人数を対象とした講義形式の授業でもこうした要素を取り入れることは可能であるが，少人数のほうが実施しやすいことは明らかである．

　GSG は，学生たち自らが国際社会におけるアクターとなって課題設定から政策実施までを行うという，アクティブラーニングの典型と言えるものであろう．前述のとおり，GSG は全員受講となった 2003 年度から 2011 年度まで，担当に複数教員が当たるとは言え，個々の学生への指導ができる体制ではな

かった．授業の質は受講学生の探求力とそれを促す授業デザイン全体によって担保されていた．学生たちは自らアクターとして行動することで，当該アクターの国際社会での利害関係を体感し，交渉を有利に進めるために現実社会をさらに深く追及するよう方向づけられるのであるが，同時に，国力を示すアイテム値の向上を目指す「ゲーム」的な要素から，いかに「攻略」するかに集中しがちであったことは否めない．いずれにしろ，学生たちはかなりの意欲をもって GSG に取り組んでいた．

2012 年度より，教員による個別学生への指導が可能になるように，小クラス編成が実施された．例えば，アジア・ラテンアメリカの新興国・途上国といった括りで 1 クラスを編成し，教員を配置する．その教員がこれらの国すべてについて専門的な知識を持っているのではないが，それまである意味で放置状態であった個々の学生の学修状況が可視化され，学生へのアドバイスも可能になった効果は大きい．つまり，もともとアクティブラーニングの要素を持っていた GSG に，少人数教育の良さを加えたと言える．

以下，学生の授業後のレポートである「回顧録」や授業後のアンケートなどから，学生がどのように授業を評価しているかを掲げる．

まず，授業全体を通して，国際社会を実感することができる点である．学生たちは普段から授業などによって国際社会について学習・研究して相当の知識を持っている．その知識を実体化する方法として GSG が有効性を持つのである．複数のアクター間における国際的な地位を維持しようとするとき，何が必要なのか，国益とは何なのか，といった課題を深く考えるきっかけを与えることができる．途上国アクターの学生は国力の少なさを実感する．こうした意味で，国際関係学部らしい授業と実感する学生が多くいる．

2 点目は，課題設定から計画立案，政策実施という一連のプロセスを重視する点である．自分と相手の主張を尊重しつつ妥協点を見いだすこと，また，自分のアクター内の運営において，アクターとしての方向性を見いだし共有すること，この両方が GSG においては要求される．リーダーシップの発揮であったり，その補佐であったりと，それぞれの役割に応じた働きをしなければならない．こうしたことは，彼らが将来社会に出たときに必要な能力である．GSG の各プロセスがそれらを認識する場となっていると同時に，交渉や条約締結な

どの結果として達成感を持てることも重要である.

　3 点目は, IR 専攻と GS 専攻の合同実施による効果である. 英語で学ぶ GS 専攻の学生に交じって英語でゲーミングを進めることは, 日本語で学ぶ IR 専攻の学生の多くにとっては相当ハードルが高い. 国際会議での発言が GS 専攻学生中心になる, 日本語クラスのアクターの交渉相手が日本語クラスのアクターに偏るといった弊害は否めないし, 合同実施への反対意見もある. しかし, 各アクターにバイリンガルの学生を配置するなどによってハードルを下げる工夫は可能であること, さらには, IR 専攻の学生に英語力向上のモチベーションとその機会を与える効果から, 合同実施が継続されている.

　以上の評価を支えているのは, 学生の主体的な学びである. 主体的な学びとは, 必要と設定されたレベルを超えた学びを得ようと個々の学生が自ら努力することである. これがなければ GSG はつまらない授業になり下がってしまう. 主体的な学びが必要なのは, GSG に限らず大学での学び全てに言えることである.

　ただ, ここで 1 つの制約がある. GSG はあくまで国際社会の現状に基づいている. 多くの学生が理想とする平和主義の実現は, GSG の設定している数年の間にはおそらく無理であろうし, 逆に極端な核戦争が始まるのも現実的ではない. 途上国の国際社会における力が急速に増加することもないであろう. むしろそうした制約があるからこそ, 現実社会の理解が進むはずである. そのことを理解して GSG に取り組むことで, GSG の有益性がさらに高まるといえるのである.

注
1 ）関 (1997) の第 4 章には, 1994 年から 96 年にかけてのゲーミングの様子を伝える新聞記事 6 本が掲載されている.
2 ）2018 年度の GSG は, GSG 本番を予定していた日に台風到来が予想されたために本番の実施ができず, 本来のスケジュールがこなせなかった. それもあって, 以下は 2017 年度までの GSG に基づいて記述する.
3 ）外務省の国・地域の情報サイト　https://www.mofa.go.jp/mofaj/area/ (2019 年 6 月 24 日アクセス).

参考文献

河村律子（2014）「教員の協働で実現されているアクティブラーニング事例：立命館大学
　　国際関係学部」河合塾編著『「学び」の質を保証するアクティブラーニング──３年
　　間の全国大学調査から──』東信堂，pp. 50-65.

丸岡律子（2007）「システムを利用したグローバル・シミュレーション・ゲーミング──
　　立命館大学国際関係学部における事例──」『大学教育と情報』私立大学情報教育協
　　会，第 15 巻 3 号，pp. 18-20.

関寛治（1997）『グローバル・シミュレーション・ゲーミング──複雑系地球政治学へ
　　──』財団法人科学技術融合振興財団.

III

ゲーミングを創る
──第Ⅱ部の内容をリフレクトして──

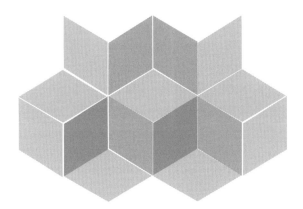

第9章
ゲームの構造，役割，ルールを考えて ゲーミングをつくる！

豊田祐輔

1 自分で新しいゲーミングを作ってみる

　ここでは第4章で紹介した「コミュニティ防災ゲーム：地震編」を参考に ゲーミングを作ることを説明する．まず，第2節で「コミュニティ防災ゲー ム：地震編」を修正して新しいゲーミングを作る方法を説明する．第3節では， このゲーミングを作った方法を，システム思考を参考に振り返ってみる．そし て，第4節と第5節では，ゲームとしての面白さ，ならびにディブリーフィン グについて説明する．

2 既存ゲームを修正してジレンマの状況になるゲームを 作ってみる

　本節では，「コミュニティ防災ゲーム：地震編」を修正する形式でゲーミン グを作る方法を説明する．第4章で述べたように，現実世界の震災教訓や将来 起こりえることをゲームに再現することで，プレイヤーが体験できるようにす る．つまり，現実世界の震災教訓とは，災害対策をしていなくても平常時は問 題ないが，いざ災害が起きたときに困り，より不幸せになってしまうため，日 ごろから好きな活動と並行して防災活動を実施するべきであるということであ る．さらに個人でできることもあるが，集団でやらなければならない活動（集 団の方が望ましい活動）もある．以上のことを，体験を通じて，なぜこのような 状況に陥っているのかを理解し，対応策を自分（達）で考えるようにさせるの が学習目標となる．特に前者の理解とは，取り上げている事柄の構造（なぜ発 生しているのかなど）について体験を通じて学ぶことできるようにゲーミングを

作成する必要がある.

　では，先ほどの学習目標を抽象的にいうとどうなるであろうか. 例えば，「対策をしていなくても普段は問題ないが，いざという時に困るので対策を実施するべきであるが対策が進んでいない. そこで，このような問題がなぜ発生しているのかを体験を通じて学び，対応策について考える」となる. ここで重要なことは，ゲームを通じて参加者は，何が起こっているのかを学べるだけでなく，なぜ起こっているのかについても役割（住民など）の視点から学ぶことができるのである.

　それでは，本ゲーミングを第4章の最後で説明したゲーミングの工夫の3つの項目である「ゲームの構造」，「役割」，「ルール」，そして「枠組み設定」[1]の観点からゲームをどのように修正できるのかを説明していく.

1　ゲームの構造

　上記の抽象的にした学習目標，特に前半部分の問題の構造が当てはまる事例はないだろうか. そのような事例があれば，ゲーミングを適用できる可能性が高い. 例えば，「ごみ問題」はどうだろうか. ごみをいくら捨てても処理をしてくれる. しかし，処理には限界があり，（他にも深刻な結果は多々あるが）いつか埋立地が不足し深刻な環境破壊を招くことにつながる. ごみを少なくする努力は必要であるが面倒くさい行動でもある. プラスチック容器などに入った商品は自然分解されないため環境に良くないことは分かっているが便利なので購入してしまうなど，防災活動と同じような構造にあることがわかる.

　他にも，単純化した例であるが，国家における経済発展（工業化）と環境保護の関係や，企業の利益と環境保全の関係（この場合，受益者と被害者が異なるので下記で説明するような修正が必要である），社会的ジレンマ（皆が自分の利益を優先することで結果的に全員にとって不利益の結果を招いてしまうこと）の一部にも対応できるであろう. 特に社会的ジレンマについては「共有地の悲劇」が該当すると思われる. 上記のゴミ問題も該当するが，別の例として漁業を挙げる. ある漁場で複数の漁師が漁業を営んでいる. 多くの魚を獲る方が自分にとって利益となるが，皆が獲りすぎると魚が少なくなり利益が減少してしまう. もしくは，数が豊富にいれば多少数が少なくなっても問題なく漁業を継続できた急激な天候

不順に対して，魚が少なくなっていたため全滅に近い状況になり，魚の数が戻りにくいことも考えられる．この問題は，本ゲームでいう平常時の中規模地震と災害時の大規模地震と同じような構造である．個人の行動では魚を多く獲って利益（利益が多ければ多いほど個人としては良い）を多く得る選択をするが，そのままの行動を継続すると最終的には魚の絶滅や激減という破滅的な結果が待っている．一方，漁業組合などで漁獲高を調整することによって破滅的な結果を防ぐ事ができる．これは個人としては防災活動をしない方がハッピーであるが，自助とともに地域住民と協力して防災訓練に参加することで災害時の被害を軽減できる可能性が高まることと似た構造であることがわかるであろう．

　ここまでくると，防災活動は何に置き換えられるのか，漁師が選択できる活動は何か，地震という最終イベントは何か，ターン毎のイベントには何が考えられるかなどの「コミュニティ防災ゲーム：地震編」の要素を当該テーマの要素に置き換えてみる（当てはめてみる）ことで新しいゲームができあがることがわかる．もちろん，そのまま適用できないこともあるであろうから，多少の変更は必要になる．

　2　役　　　割

　第4章では役割は町内会長と住民であったが，テーマによって役割は大きく変わる．また，同じ住民であってもテーマによって，その活動内容（防災活動や環境にやさしい行動〔環境配慮行動〕など）も異なる．

　そのため，テーマを定めた後，どの役割が重要かを特定することになる．役割の数によってゲームの複雑さや参加者数が定まる．役割を選別する優先順位は，そのテーマについて，どれほどの利害関係をもっているか，そして，学習目標と照らし合わせて是非とも必要な役割かどうかである．例えば，「コミュニティ防災ゲーム：地震編」におけるコミュニティ防災の場合，地域コミュニティでの防災活動を主導するべきなのは住民組織（町内会や自主防災会）であり，防災活動に参加するのは地域住民である．また，実際には，防災訓練を共同で実施する消防団や支援する行政，そして，防災に特化したNPOやボランティア要員としての大学生など，多種多様な主体が関わっているため，これらの役割も追加することが可能である．しかし，最も基本的な主体は住民組織と住民

である.

　そして，ゲームに参加するプレイヤーの負担が偏らないように配慮しなければならない．一部のプレイヤーが忙しくしているなか，他のプレイヤーが暇を持て余していると，その暇なプレイヤーの集中力や没入感が阻害されてしまう．重要な役割であるがゲームを通じて一部の場面でしか登場しないような場合，ファシリテーターがその役割を担うことも考えるべきである．

3　ルール

　ルールとは，各役割やプレイヤーに与えられる条件（各ターンお金カード3枚獲得など）や，プレイヤーがとれる選択肢（防災活動など），そして選択の手順（コミュニティの活動の後に個人の活動など）など，プレイヤーの活動に関わる制約や活動，その結果などが含まれる．プレイヤーはルールの中でプレイするのであり，ルールはゲームの行方を左右する重要な要素である．ルールは基本的には基となる現実世界に近づけるようにプレイヤーの行動を誘導・制約することになるが，あえて現実世界ではありえないような選択肢などを用意することで，このようなことが起こったらどうなるかというゲームという仮想世界ならではの体験をさせることもできる．

　また，ゲームの結果や面白さを左右する重要な要素は，行動の結果をどの程度評価するかとなる．例えば，「コミュニティ防災ゲーム：地震編」では最後の大地震時に自宅を耐震補強していなければハッピーカード −20 としたが，減る数はゲーム・デザイナー自身が決めるものであり，新しいゲームを本格実施する前に試作を何度か試して，減る枚数の調整をした方が良い．

4　枠組みの設定

　ここでいう枠組みの設定とは，ゲーミングを実施する場面（現実世界）とゲーム内の場面（ゲーム世界）の2つの視点からまとめることで，どのような目的でどのようなゲーミングを実施するのかを整理することである．その際，5W（Why，What，Who，Where，When）の視点から考える．

　表 9-1 は，「コミュニティ防災ゲーム：地震編」を例として2つの場面を5W の視点から整理したものである．このように表すことで，どのようなゲー

表9-1　ゲーミングの枠組み設定と「コミュニティ防災ゲーム：地震編」の例

現実世界		ゲーム世界
なぜゲーミングをする必要があるのか（何が問題か） 例：コミュニティ防災の重要性を体験してもらう必要がある	Why	ゲーム内では何が目的か 例：最も多くのハッピーポイントを得ること
参加者は何をするのか 例：ボードゲーム	What	ゲーム内ではプレイヤーは何をするのか 例：時間とお金をつかって活動を行うなど
誰が対象か 例：大学生など	Who	ゲーム内の役割は誰か 例：○○町内会長，○○町住民
どこで実施する・できるのか 例：教室など	Where	ゲーム内の場所はどこか 例：○○町
いつ実施する・できるのか 例：授業中など	When	ゲーム内の場面はいつか 地震前・直後

ミングをなぜ・いつ・どこで誰を対象に実施するのか，もしくは，できるのかが一目瞭然となり，またゲームの中身についてもどのようなゲームなのか簡単に表現することができる．

　以上のゲーミングの学習目標とゲームの構造・役割・ルール・状況設定について，まとめると以下のようになる．基本的には上から順番に確認することになるが，問題や修正があれば適宜，上に戻って再検討することになる．

- ●ゲーミング作成者が考えた参加者の学習目標を考え，それを抽象化してみる．
- ●ここでの学習目標とは，何が起こっているのかを学べるだけでなく，なぜ起こっているのかについても体験を通じて学び，対策を考えることである．
- ●抽象化した学習目標が当てはまる事例を考えてみる．
- ●要素（防災活動など）が新しい事例では何になるのか当てはめてみる．
- ●取り上げるテーマならびに学習内容に重要な役割を特定する．
- ●ルールを確定させる．ルールは現実世界で取り得る行動を基礎とするが，仮想世界ならではの非現実的なルールを設けて体験させることも可能である．

- ●ゲーミングの実施にあたっては，現実世界とゲーム世界それぞれに 5W で適応範囲などを整理してみる.
- ●必要があれば，適宜修正する.
- ●本格実施する前に試作を何度か試して，問題ないか確認する.

3　現実の世界を投影するゲーミングを 1 から作ってみる

　ここでは 1 からゲーミングをつくる手順について「コミュニティ防災ゲーム：地震編」を参考に解説する[2]. 節題に「現実の世界を投影するゲーミング」と書いたが，難しいものではない. ここでは，ゲーミングの目的に加えて，前節でも述べた「ゲームの構造」について述べていく.「役割」,「ルール」,「枠組みの設定」については前節で述べた内容と同様であるため，本節では割愛する.

1　ゲーミングの目的を定める

　ゲーミングの出発点は問題を特定し，どのような事を学んでもらうかを明確にすることである.「コミュニティ防災ゲーム：地震編」の場合は，住民が防災活動ではなく自分たちの好きな活動 (映画を見に行くなど) をすることである. つまり，好きな活動か防災活動かというジレンマが発生していることになる (ほとんどの人が好きな活動を選ぶのでジレンマに見えないかもしれないが，防災活動をすることで好きな活動〔テレビを見ることや寝ることも含まれる〕をするためのお金や時間が削られることを考えるとジレンマ的状況であると言える). そして，防災活動を深堀りしていくと，自助が重要であるが，それをカバーするものとして共助も重要であるということがわかる. しかし，このような防災活動が進んでいないため，体験を通じて，自助・共助の重要性を理解してもらうことが目的となる.

2　ゲームの構造

　ゲームの構造を考えるにあたって，システム思考を参考に説明していくこととする[3]. ゲームの構造では，主に何が原因でその結果どうなるのか因果関係を

中心に考えていく．

テーマとなっている事例の因果関係を考えてみる

　まずはなぜ問題が発生するのか因果関係を考えてみる．**図 9-1** は本ゲーミングの最もシンプルな構造を示している．上から「ゲーム開始」があり，その下に実施できる活動がある．ここでは簡単に防災活動とやりたい活動の 2 種類を提示している．防災活動を継続していけば災害に対する準備が進んでいく一方，やりたい活動ばかりを選んでいては災害準備が遅々として進まないことになる．一方で，ハッピーカードについてはやりたい活動をし続ける方が多くもらえる．つまり，災害への準備と幸福度（ハッピーカードの数）は反比例の関係にある．しかしながら，イベントや大地震時には準備状況とハッピーカードの減少が反比例の関係となる．このような状況の中で，防災活動をした方が最終的にハッピーカードの多い状況を作り出すには，やりたい活動で得られる平常時のハッピーカードの枚数よりも，やりたい活動ばかりして（防災活動をしないため）減少する災害時のハッピーカードの枚数の方が多ければ良いことになる．

　「コミュニティ防災ゲーム：地震編」ではこのような図を描きつつ，要素と因果関係を追加していくことで，参加者に体験してほしい具体的な中身を組み立てることができる．例えば，誰が（誰に）何をすると，どうなるのかを 1 つ

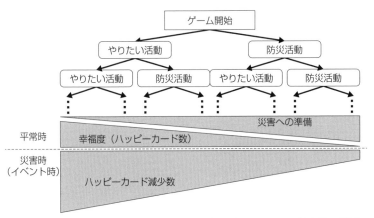

図 9-1　「コミュニティ防災ゲーム：地震編」内のゲームの基本的な構造

ずつ考えていく^4)．また，活動をするには，投入資源（要素）が必要である．本
ゲームではそれをお金と時間に絞ることにした．それは，防災活動をしない
人々はその分，他のやりたい活動（映画を見に行くなど）にお金と時間を使って
いるためである．他の資源も，もちろん考えられるが，ゲームをシンプルにす
るため重要度が低い資源は思い切って排除していく．さらに，要素の追加につ
いては，今は防災活動をするかどうかであるが，活動をもっと細かく考えてい
く（細かくすればするほど詳細な知識を学んでもらえるが，重要でなければ思い切って簡単
にするとゲームの複雑さを避けることができる）．例えば，具体的な防災活動やハッ
ピーとなるやりたい活動を追加し，その活動の結果（防災経験やハッピーカードの
獲得）を追加していくことはもちろんのこと，内閣府などの資料で紹介されて
いる対策と，その効果を第4章で述べた平常時のイベント（中規模な地震），大
地震イベント時の「自宅からの外への避難」，「自宅前から避難所への避難」，
「避難所生活」に分けて追加していく（例えば，「耐震補強」で平常時のイベント時な
らびにゲーム最後の大地震イベント時に「自宅から外への避難」で被害がなくなるなど）．
これまでは自助の話であるが，コミュニティ防災では共助の重要性も指摘され
ていることから，同様に追加していく．

　また，もう少し検討してみると，コミュニティの防災活動に参加していなく
ても，個人にとって防災上有益なことがあることもわかる．例えば，地域で消
火器を購入し，地域（マップの道路上）に設置する場合，その設置場所が自宅か
ら近ければ使用することができる．共助が（防災活動に参加していない住民を含む）
地域全体の安全に貢献している例である．

　補足説明となるが，ゲーム最後の大地震イベントに加えて，平常時より中規
模地震のイベントを加えることで，防災活動の重要性の認識を高めたうえで，
大地震を発生させることができる．防災活動の重要性の認識が変わらなければ，
防災活動をするかどうかの意思決定も変わらない可能性が高く，単調なゲーム
となってしまう．以上が，本ゲームの骨格となる．

ゲームの構造をもう少し考えてみる

　ここまでの作業をもう少し抽象的に説明すると「社会をモデル化し，そのモ
デルをゲームの世界（システム）に実装する」ということになる．ここでいう

モデルとは，ある対象（社会など）の重要な要素のみを取り出したものである．例えば，飛行機のプラモデルを想像してほしい．飛行機のプラモデルは，エンジンはついていないし材質も本物の飛行機とは異なる．しかし，外観という要素がそっくりなのである．プラモデルの目的は同じように見える模型を作って楽しむことであることから，同じような外観のみに焦点を当てて，それ以外の要素は単純化もしくは排除しているのである．**図 9-1**では防災・やりたい活動によって被害の程度が変わることを前提としているが，実社会では他のさまざまな要因が影響を与えている．しかし，その影響は少なくともつくっているゲーミングでは重要ではないため，思い切って排除し，焦点を当てている関係のみを簡単に示しているのである．

また，モデルをゲームの世界に実装するというのは，ゲームの世界でモデル内の因果関係を体験できるようにすることである．**図 9-1**のように，防災活動をしている方が災害による被害が小さくなる（ハッピーカードの減少枚数が少なく

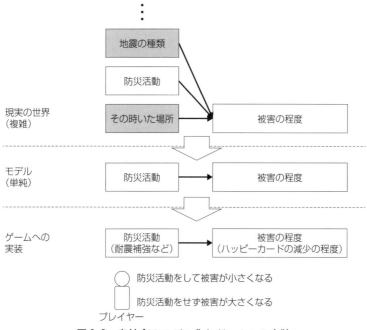

図 9-2　実社会のモデル化とゲームへの実装

なる）ように因果関係を構築するのである．そのことによって，モデル内の因果関係の動きがゲームの世界でも再現できることになる．**図** 9-2 は以上の説明を図示したものである．

最後に，本節で説明したゲーミングを作るための手順を以下にまとめる．

- 出発点は問題を特定し，どのような事を知ってもらうのが良いのかを明確にする．
- なぜ問題が発生するのか因果関係を考えてみる．
- 要素と因果関係を追加していくことで体験してほしい中身を組み立てる．

4　楽しめる要素を加えてみる

ここまではゲームに不可欠な要素の話を進めてきたが，せっかくゲームをつくっても面白くなく，参加者が嫌々プレイしているようであれば，ゲームに熱中することなく学習効果が見込めない．面白いから真剣になってゲームにのめりこみ，自然とゲーム・デザイナーが意図した仕組みを理解できるようになるのが理想である．

その1つの方法が競争の要素を加えることである．実際の生活において，他の住民と幸福度を競争する場面は多くはないと思われる．しかし，「コミュニティ防災ゲーム：地震編」では幸福度が他のプレイヤーよりも高ければ勝利するという競争の要素を含めることで，プレイヤーがゲームに勝つように真剣に考えるようになり，ゲームに熱中（没入）していくのである．そして，勝つということが防災活動とやりたい活動のバランスを保つことであることを学んでいくのである．

また，単調にならないようにイベントなどゲームの流れに変化を含めていくことも重要である．どのようにすれば単調にならず，参加者がゲームのプレイヤーとして熱中するようになるか，ご自身でも考えていただきたい．

5　ディブリーフィングの大切さ

　第4章で説明したように，ディブリーフィングはゲーミングの中でも最も重要な時間であり，ゲームをやりっぱなしで振り返らないでいると教育効果が激減する．さらに，ゲーム中のプレイヤー間の没入感を解消し，ゲーム内の結果をゲーム後の現実世界にも尾を引かないようにしなければ，現実世界の参加者の関係などに悪い影響を残してしまう．

　すべてのゲーミングに共通する項目として，まずはゲーム内のプレイヤー（例えば，○○町の住民）となりきっているゲーミングの参加者（例えば，大学生）を，現実世界の本人に戻す必要がある．そのために必要な作業は，第4章の繰り返しとなるが，以下の通りである．

- これはあくまでゲームであり，ゲームに勝つための行動であったこと，本人の行動ではないと伝えて，プレイヤーを落ち着かせ，現実世界の人間関係に影響を与えないようにする．

　その後，ディブリーフィングの話し合いとまとめをすることになるが，内容はテーマによって当然異なるものの，手順としては同様なものとなる（もちろん，必要に応じて追加・変更しても良い）．

　ディブリーフィングの話し合い内容は概ね以下の通りとなる．

- どのような課題があったのか（何が問題だったのか）．
- 課題にたいしてどのように対応ができたのか．
- できなかった場合は，どう対応するべきだったのか．
- なぜ，ある個人グループの点数は高く，別の個人やグループの点数低いのか，体験を共有してもらう．

　そして，ティブリーフィングのまとめは以下のような手順となる．

- ゲームの目的を説明する．
- ゲーミングの背景となった社会の状況や問題を，写真や動画などを交え

て説明する.

- 現実世界とゲームで共通する項目を伝え，ゲーム上での体験と自分たちが住んでいる社会が，同様な状況になり得ることを説明する.
- ゲームで学習した教訓を生かすために提案したことの中で，自分たちにできることから始めてほしいと伝える.

注

1）ゲーミングを作成する際にこれらの要素が重要であることは，Paola Rizzi（イタリア・ラクイラ大学）の考えを基にしている.

2）ゲーミングの作成方法については，本書第Ⅲ部にも各著者の方法が紹介されているので，ここで紹介する内容は，その1つの方法として読み進めてほしい．また，新井ほか（1998），グリーンブラッド（1994），デューク（2001）においてもゲーミング作成方法が紹介されている.

3）システム思考ではシステムの各要素は環境が異なると異なる動きを見せることを前提とし，ゲーミングが対象とする社会でも直面する場面であるが，ややこしくなるため本章では述べないことにする．ここでは活動という入力があり，その結果としての防災経験やハッピーカード獲得という出力に繋がるとともに，イベントでの借金によって次ターンでお金カードをもらえないことや，防災体験によってその被害の軽減を図れるというフィードバックの構造があるということがわかれば良い．なお，システム思考について一般読者向けに書かれた文献としてメドウズ（2015）が参考になる.

4）ここでは順番に説明しているが，ゲームの基本的な構造を考えつつ要素を追加し，また，ゲームの試作を作ってからも，適宜，構造や要素を変更していくなど，説明手順を行ったり来たりすることになる.

参考文献

新井潔・兼田敏之・加藤文俊・中村美枝子（1998）『ゲーミング・シミュレーション』日科技連出版社.

デューク，R.D. 著，中村美枝子・市川新訳（2001）『ゲーミングシミュレーション──未来との対話──』アスキー.

グリーンブラッド，C.S. 著，新井潔・兼田敏之訳（1994）『ゲーミング・シミュレーション作法』共立出版.

メドウズ，D.H. 著，小田理一郎・枝廣淳子訳（2015）『世界はシステムで動く──いま起きていることの本質をつかむ考え方──』英治出版.

第10章
社会科教育におけるゲーミング開発の発想法
——「1630年代　幕府の選択」を事例として——

吉永　潤

1　は じ め に

　本章では，社会科教育[1)]において活用可能なゲーミング教材を開発するにあたっての発想法のようなものについて述べてみたい．

　ただし，筆者は，まだまだいくつかのゲーミング教材を開発し，その教育効果に一喜一憂している段階に過ぎない．このような段階で，「こうすればできる社会科ゲーミング——その A to Z」といった風の大それたテーマを展開することは不可能である——そういうものがあれば筆者が読みたい．

　そこで本章では，主要に，筆者が学生とともに開発した歴史ゲーミング教材「1630 年代　幕府の選択」の開発過程に事例を絞る．そして，とにもかくにもこの珍妙な歴史ゲーミング教材を開発・実施してみた結果，学習者からそれなりに好評を得たことに居直って，このようなゲーミングを設計した過程を振り返り，そこにおける自分自身の問題意識や発想法を反省的に再現してみたい．それによって，社会科ゲーミング開発の「A to Z」とまでは到底いかないが，AかBくらいは述べられるかもしれない．

　本文中でも述べるが，このゲーミング開発は，筆者のゼミの学生が卒業研究で取り組んだもので，筆者はその指導というかお手伝いをした．したがって，以下で紹介するようなこのゲーミングに関するさまざまな発想は，1 人で悶々と考えたというよりも，筆者がその学生と「ああでもないこうでもない」と話し合う中から湧きあがってきたものである．このような経験から，筆者としては，ゲーミング開発は複数のメンバーで取り組んだ方が，より発想も広がるし内容も深まる，との実感を得ている——ただし，これは開発者諸氏の置かれた

状況によるし好みにもよるであろう[2].

2 「流れ」史観を疑ってみる──発想法①

世に「餅と理屈は何にでもつく」と言う.

関ヶ原の戦いが東軍の辛勝であったことは, よく知られている. 家康の偉さは, その勝利が僥倖であることを誰よりもよくわかっていた点にあると言われる. それでも, 家康が勝利した理由を客観的に列挙すれば, いくつもあげられるであろう. しかし, もし西軍石田三成が勝っていたとしても, その理由は「客観的に」同じくらい列挙可能であろう.

よく受験参考書などには「歴史の流れを押さえる」などと書いてある. しかし, これは受験生の受験用記憶術, あるいは概説型授業を行う際の教師のための説明術と考えるべきであろう.「歴史の流れ」とは, 歴史を後から巨視的に外観する1つのメタファーでありレトリックであって, 歴史が本当に滔々と流れる川の流れであるならば, 家康は勝つべくして勝ったことになるし, 信長だって本能寺で死ぬべくして死んだことになる.

社会科ゲーミング教材を開発するために最も基本的に必要な発想法は, このような, 歴史・社会事象は起こるべくして起こった, という「流れ」史観──因果必然的史観あるいは社会観──を, まずは教師自身が疑ってみることではないかと考える (吉永, 2015)[3].

ゲームの本質は, 言うまでもなく, その成り行きがプレイヤーの行為選択とその相互作用によっていかようにも変化していく不確実性と結果の可変性にある. たとえ大量得点差の9回2アウトであっても, ゲーム結果についての断言はできない.

歴史ゲーミング教材「1630年代　幕府の選択」では, そのゲーム結果に, 大きく次の4つの可能性がある. ①「幕府はスペイン・ポルトガルともオランダとも外交関係を結ばない」. ②「幕府はスペイン・ポルトガルとのみ外交関係を結ぶ」. ③「幕府はオランダとのみ外交関係を結ぶ」. ④「幕府はスペイン・ポルトガルともオランダとも外交関係を結ぶ」.

ただし, 史実でもこのゲームの設定でも, 1630年代の段階に至ると, スペ

インはもちろん，ポルトガルにも実はほとんど勝機はない．いわば「大量得点差の 9 回 2 アウト」状態である．実際に，筆者が複数の大学の教職系授業でゲーミングを実施した範囲では，ほとんどのゲームグループの結果は，やはり史実通りの③（いわゆる「鎖国」状態）となった．ただ 1 グループのみが④という結果となった．

　このような結果の大勢は当然はじめから予想したことである．しかし，それでもあえてこの「1630 年代　幕府の選択」を開発した意図は，何より，学習者において，歴史は不可避の「流れ」をたどるという因果必然的通念を打破したいためであった．そのためには，当時の幕府には考慮すべき外交上の複数の選択肢があり，たとえ理論上であっても，史実とは異なる対外関係を構成する可能性がありえたことを，学習者に実感させられればよいと考えた．

　このように，**因果必然的史観あるいは社会観を疑ってみる**というのが，筆者におけるゲーミング教材開発の最も基本的な発想法であり，また教育的ねらいでもある．――これを**発想法①**とする．

　さらに言えば，「ある結果がほとんど不可避」と思われる事例を取り上げる方が，実際にその歴史的時点で多様な可能性があり，どう転ぶかわからない事例（「関ヶ原」などは典型的にそうである）を取り上げるよりも，学習者の因果必然的思考を揺さぶる上で，むしろ大きな効果が期待できるのではないかとも考えた．すなわち，必然・当然・自明と思っていたことが，必ずしもそうではないことに気付く方が印象的であろう．

　このような事例についてのゲーミングによって，たとえ歴史を「流れ」にたとえるとしても，またその流れが滔々たる趨勢のものであるとしても，学習者の学習体験は，いわばその流れに船をこぎ出し，櫓を操り，自分の判断で進路を選択するものへと変貌するであろう．そして，1630 年代の幕府の選択に関する学習者のこのような体験的，状況的，内在的，課題解決的理解が，さらに，以下に順次述べるような，さまざまな教育的ねらいの実現を可能にすると考えた．

3 指導要領を味方につける──発想法②

　上述のような，歴史上わずかでもありえた可能性を実感させるという目的のためには，とくに1630年代の幕府の事例でなくともよいわけである．この題材でのゲーミングの開発を着想した，より実際的なきっかけは，2017年2月に文部科学省が公表した小・中学校の新学習指導要領改訂案にあった．

　この改訂案では，「鎖国」という従来の表記を「幕府の対外政策」へと改めるとされた．「鎖国」という用語は19世紀になって出現したこと，いわゆる「鎖国」下で幕府の管理による海外との一定の交流・通商が行われていたことが理由としてあげられた．この背景には，「鎖国」の実態に関する，近年の歴史研究の大きな進展がある．しかし，この案に対しては，パブリックコメントで多くの反対意見が寄せられたようである．そこで，文部科学省は，これまでの学習との継続性，幕末の「開国」との対応関係，「対外政策」では内容が理解しにくいことなどを理由として，「鎖国」という表現を復活させ，「鎖国などの幕府の政策」(小学校)という表記に改め，これが正式の指導要領の文言となっている．

　この一連の呼称問題の経緯に興味を抱いたのが，冒頭でも触れた筆者のゼミの学生である．このことをきっかけとして，その学生は，「鎖国」を扱うゲーミング授業開発を卒業研究のテーマとした．

　では，筆者自身は，この一連の経緯についてどう考えたか．

　筆者としては，「鎖国」という用語を学校教育から駆逐すべきかどうかについては判断を保留するとしても，これに「幕府の政策」との併記を行った指導要領には一定の先進性を感じた．「鎖国」を「政策」として理解するならば，そこには，可能ないくつかの方策の中からの選択の結果，という含意が生じるからである．そこで，幕府が取りえた諸方策の可能性を，当時の史実に照らしつつ，ゲーミングを通じて学習者に追究させる教材を開発することは今日的意味がある──すなわち「主体的・対話的で深い学び」を標榜する新学習指導要領の趣旨に合致する──と考えた．

　小中高の学校教育において，社会科教育で活用可能なゲーミング教材の開発

を志向する以上，学習指導要領に準拠することは必須の条件である．

　しかし，ゲーミング教材のような新規性の高い教育方法を開発するに際しては，指導要領の記述を「お上のお達し」としてそれに「準拠」するだけではなく，それを，国・文部科学省の「政策」として理解し，その意図を積極的に解読し，批判的に評価するリテラシーが必要であろう．指導要領を「政策」として理解すれば，さきに「鎖国」について述べたのと同様，そこには，可能ないくつかの方策の中からの選択の結果，という含意が生じる．したがって，その政策意図を読み解き，評価し，それを自分自身の教材開発の羅針盤とし追い風ともする，という発想法が可能となる．

　やや深読みを承知で言うのだが，筆者の新指導要領に対する評価は，「鎖国」を，「**幕府の**」政策として理解することへの期待ではなく，幕府の「**政策**」として理解することへの期待である．前者のように理解するならば，それは，在来の指導要領における「知識重視」の指導項目と基本的に変化はないであろう．その目的のためならば，ゲーミングなどではなく，幕藩体制成立の史実を丹念に追って整理するオーソドックスな授業構成の方が望ましいと言える．後者のように理解してはじめて，新指導要領がどのような新しい歴史授業づくりを求めているかが分かってくるし，そこにゲーミング開発の教育的意義を見出すことができる．——ただし筆者は，知識形成重視型の授業が必要でないなどと考えているわけでは全くない．ここで言いたいのは，そのような授業づくりの発想の延長線上には，ゲーミングといった新しい授業構成の発想は生まれてこないという点である．

　以上のように，指導要領を政策文書として解読・評価し，そこに，追求に値する教育理念や目標を見出す．そして，その実現のための授業（つまりゲーミング）を独自に構想する．そうやって，指導要領を，ゲーミング開発のいわば強力な味方にしてしまう——これが，筆者のゲーミング教材開発における「指導要領準拠作戦」である．これも，ゲーミング教材構成の発想法と言えるであろう．そこで，これを**発想法②**とする．

4　「鎖国」を通じて現代社会を考えさせたい——発想法③

　今回のゲーミング開発のためにいくつかの歴史書にあたってみると，「史実は世につれ」と言うか，「鎖国」をどのような「史実」ととらえるかという諸研究自体が，また１つの歴史をなしていることが分かり，興味深かった．

　江戸幕府が行った「鎖国」についての研究は，すでに明治期の歴史学において始まっている（紙屋・木村，2002）．明治期から戦後高度成長期に至るまでの長期間，「鎖国」については，その得失が議論されてきた．大勢の評価としては，「鎖国」は，国内におけるキリスト教禁教政策も含めて，わが国が西欧諸国の発展から決定的なビハインドを喫した元凶であり，退嬰的で固陋な愚策であると共に非人道的な暴政であって，再び踏んではならない覆車の轍，といったものであった．しかし，西欧や西欧的諸価値へのキャッチアップが自明の国策であった高度成長期を過ぎるに従って，「鎖国」期についての多様な研究と評価が出現しはじめる——例えば，清国との交易の実態，朝鮮との通信使外交，幕府の対ロシア交易の模索，幕府黙認下の薩摩藩琉球密貿易の実態など．今日の歴史研究における，「鎖国」に対する基本的な認識は，《江戸幕府による外交権の独占的管理の体制であり，幕府によって高度に選択的に構築された対外関係である》というものであると集約できるであろう．

　したがって，このような今日の「鎖国」把握を踏まえ，やや言い過ぎを承知で言うなら，江戸幕府に限らず，ある政治単位（主権国家，地域連合など）が，その域外との間のヒト・モノ・カネ・情報の流れを統制的，選択的に管理し，それによって，その域内統治における何らかの有益性を確保しようとするならば，その外交政策を「鎖国」的政策とみることができるのではないだろうか．

　例えば，トランプ米大統領が，メキシコとの間に「壁」を作る計画にご執心で，実際の壁のサンプルを視察したという新聞記事を先日見た．いわば，これも一種の「鎖国」政策ではなかろうか．——むしろ，本物の壁をつくろうというトランプ大統領の「鎖国」に比べれば，海洋国家の利点に依存した江戸幕府の「鎖国」などは生易しいものにも思えてくる．

　また，ドイツでは，先日メルケル首相の退陣が表明された．政権運営に困難

をきたした最大の原因が，反イスラム系移民政策を掲げる民族主義政党の伸長にあったことは周知の事実である．これもまた，「鎖国」政策の是非をめぐる紛糾とみてよいかもしれない．

　このように，あえて「鎖国」を，日本の江戸期に固有の外交政策としてのみ見るのではなく，一般概念として，すなわち古今東西の政治単位が採択しうる外交政策あるいは外交戦略としてとらえてみると，次のことに気付く．すなわち，歴史学習において，「鎖国」などの個別的な歴史事象に関する学習内容が，「それ専用の知識」では終わらず，**別の新たな事象について理解，解釈したり，それについての気付きや判断を生んでいく上での準拠・参照枠組み**（frame of reference）**となっていく可能性**である（呉座，2016）[4]．

　現状において多くの歴史学習者は，「鎖国」を，言ってみれば「遠い昔のサムライ時代の，アンビリーバボーな珍制度」くらいにしかとらえていないのではないだろうか．それゆえ，多くの学習者にとって「鎖国」は，「歴史のテストで出る暗記事項」という以上の意味を持っていないように思われる．このように，「鎖国」に関する学習内容が，学習者において，日本の江戸時代と一対一対応で固く結びついている限り，「鎖国」を学ぶことが，それを越えた事象，特に現代の諸事象について考察したり判断したりする上で生きてくるとは考えにくいのである[5]．

　では，このような学習者に，「一般的に運用可能な鎖国概念」を形成するためには，どうすればよいだろうか．

　1つの方法は，先ほど本章で今日の歴史学の成果を集約して定義化したように，「鎖国」概念についての高度に一般化，抽象化した定義や説明を学習者に提供することである．しかし，そのような定義や説明は，大学生なら活用可能な知識となるかもしれないが，小中高段階の大多数の学習者にとっては，単に暗記すべき呪文となり下がる危険性が大である．

　「鎖国」など，ある事象に関する知識を，他のさまざまな事象に適用し，または関連づけ，一般概念として運用することができるためには，その事象に関する定義や説明を言葉として知っているだけでは不十分であり，その事象の固有の諸特性を具体的，経験的に理解していることが必要である．とくに，ある歴史事象が，今まさに自分自身が直面している状況と無縁ではないかもしれな

いと気付くためには，いったんその歴史事象の中に入り込み，当事者として当時の状況や課題に直面してみる経験的理解が不可欠であろう（池田，1981：18-31）。[6)]

ここに，ゲーミングの出番がある．

ゲーミングによって形成される，事象に関する学習者の内在的，状況的，役割的理解や課題解決の経験は，その事象限定の経験・知識・理解にとどまることなく，広く他の諸事象に対する理解や判断に転移していき，運用されていくことが期待できる．それは，ゲームによって得られる知識が高度に一般的・抽象的だからではなく，逆に「身に沁みるほど」具体的だからである．

さらに，ゲーム後のディブリーフィングを通じた事象への理解の深まりが，その学習内容を他の多様な事象に適用していく際の適用の幅広さや，適用した事象についての理解，判断の深さ・豊かさにつながると考えられる．[7)]

以上の点は，歴史事象に関するゲーミングに限らず，地理的あるいは文化的な個別事象を扱うゲーミングの学習組織においても同様と考えられる．

このように，**ゲーミングで扱う歴史・社会事象に関して内在的，状況的，課題解決的な経験的理解を形成することによって，将来，その学習内容が，多様な社会事象を理解し判断するための準拠・参照枠組みとして運用されることを狙うことが，ゲーミング教材開発における発想法となる．**ただ，以上は少々公式的な言い回しであって，もっとくだけて言うなら，〈学習者がゲームの中で，自国に有害と思われる情報をシャットアウトするといった判断経験をするならば，その結果として，例えば「習政権のやってることって，ほとんど鎖国ちゃうんか」といった気付きが学習者に芽生えるのではないか〉というのが，今回の筆者の「鎖国」ゲーミング開発における実際的発想であった．——これを**発想法③**とする．

5 宗教と政治の問題についてのリテラシーを形成したい ——発想法④

上述の，「鎖国概念の準拠・参照枠組みとしての運用」をさっそく実践してみよう．

日本の江戸期の「鎖国」を準拠・参照枠組みとして，今日のドイツやフラン

スなど EU の動きを見てみると，両者には共通点があることに気付く．すなわち，両者にはともに，「政治権力の宗教問題への対処」という課題が横たわっており，とりわけ「政教分離・世俗主義の国家が，政教一致を基本理念として掲げる宗教に対してどのように対応するのか」という課題への直面として，両者に共通点を見出すことができる．

　江戸幕府の宗教政策は，比叡山焼き討ちや対本願寺戦争を通じて宗教統制に成功し強力な世俗権力を樹立した信長政権の延長線上にある．その江戸幕府が対応を迫られた 17 世紀時点のカトリック勢力（スペイン・ポルトガル）の基本理念は，宗教と，政治，外交，軍事，経済とを決して分離せず一体として発想する強硬な政教一致であった（16 世紀後半のその絶頂期，両国に君臨したフェリペ 2 世は，「異端者を許容するくらいなら全領土を失い百回死んだ方がまし」と豪語したという（桜田，2017：9））．これに対する幕府の回答は，周知のように，対外的には「鎖国」，対内的には苛烈な禁教政策であった．

　このように，16・17 世紀時点で強力な世俗権力の樹立を経験した日本人は，その後，宗教と政治との間の緊張関係を基本的に経験することなく数世紀を過ごした．これは，大変幸福なことであったと評価してよいであろう．しかしその反面，我々は，国際社会における宗教を原因とした対立や争いについての理解力を大いに鈍らせたとみることもできる．その結果として，我々の多くが，今日なお宗教を原因とした対立で多くの人の命が失われ続けている国際社会の状況を，どこか遠くの，信じられない出来事として見ているのではないだろうか．そうして，いつの間にか自分たちを国際社会の外部に置く意識を形成しているとしたならば，それこそ，悪しき意味での「鎖国」である．

　そこで，ゲーミング教材「1630 年代　幕府の選択」では，「世俗主義の国家が，政教一致の宗教国家にどう対処するのか」という課題を，学習者に，自分自身で判断・対処しなければならない課題として突きつける構成とした．

　このゲーミング内での課題解決経験を通じて，宗教と政治の間に横たわる困難な諸問題に気付き，今日の国際社会の悩み——例えば，ドイツやフランスの人々の悩み——を，いわば，わが事として感じる感性を養いたい．同時に，その問題の解決が，「移民から国を閉ざす」という「鎖国」的対処方法，あるいは，世俗公共空間から宗教的なものを排除する（ライシテ）という「鎖公共空

間」的対処方法で果たしてよいのか，についても考え始めてほしい．一言で言えば，このゲーミングを通じて，**宗教と政治の問題についてのリテラシーの基礎を学習者に形成したい**――これが今回，ゲーミングのテーマとして「鎖国」を取り上げた最大の理由である．――これを**発想法④**とする．

先に，「鎖国」を準拠・参照枠組みとして今日のEUを見ると述べた．しかし，Aに依ってBを見る，ということは，Bに依ってAを逆照射する，ということにもつながっていく．すなわち，今日のEUが直面する宗教に関わる問題状況が，逆に，我々日本の宗教に関わる歴史や，今日の我々の国際社会における宗教問題への向きあい方を反省的に考察するための「準拠・参照枠組み」ともなっていくであろう．

例えば，フランスの厳格な「ライシテ」（政教分離政策）を，日本の我々が「アンビリーバボー」と言うのは簡単である．ちょうど，我々の過去における幕府の過酷なキリシタン弾圧が，今日の我々に「アンビリーバボー」と感じられるように．

歴史教育・社会科教育の使命とは，学習者に，このどちらの「アンビリーバボー」をも越えさせることに他ならない．ゲーミングは，この目的のために，非常に強力な学習ツールとなる潜在力を秘めていると考える．

6　単純な善悪裁断をさせたくない――発想法⑤

ここまでのところ，江戸期日本なり現代EUなりに視点（視座）をとって，「鎖国」的政策を，基本的に，その主体と「外部」との関わり方に関する選択肢として論じてきた．

しかし，もしこのような意味で体験的に歴史事象を理解させようとするなら，そのゲーミング構成は「ワンプレイヤー型」でもよいであろう．すなわち，学習者に幕府など何らかの政治単位の立場に立たせ，ある課題状況を提示して，それへの対応策を判断・選択させ，それにもとづいてまた新たな課題状況を提示する……という，言ってみれば「ドラクエ」タイプのRPG型ゲーム構成でもよいわけである．

しかしながら，このようなゲーミング構成をとった場合に危惧されるデメ

リットは，プレイヤー（学習者）にとって，ゲーム内で関係を持つ他キャラクターが，それに対処すべき対象として「外部化」「他者化」されてしまうという点にある．下手をすると，外部化・他者化のみならず，そのキャラクターを「悪魔化」「モンスター化」してとらえてしまうかもしれない．

　「ドラクエ」ならば，そもそも外部の他者はモンスターという設定でもあり，それでよい．しかし，ゲーミングを，人間社会を理解し，そこにおける諸課題の解決方法を考察させる学習教材としてとらえるならば，これは大きな弊害となりうる．

　ここまでに論じたように，歴史教育・社会科教育におけるゲーミングは，ゲーミングによって得た歴史・社会事象についての経験的理解を，それ以外の社会事象に関する考察（とくに現代社会事象に関する考察）に持ち込ませることによって，その社会事象，さらには自己の社会や自己自身に関する深い理解や判断を形成することが狙いである．したがって，ゲーミングにおいて学習者が，テーマとする歴史・社会事象をどのように体験し学ぶかが，この概念を他の事象に適用し，その事象の理解や判断を形成する上で，重要なレディネスの違いを生じさせるであろう．

　端的に言えば，ゲーム上で他キャラクターを「倒すべき敵」，「排除すべき害悪」あるいは「クリアすべき課題」としてのみ強く経験したならば，学習者の現実社会観は，過剰に自己利益中心的で，対他者的には敵対的・排除的または操作的なものに――つまり，悪しき意味でゲーム的なものに――なりうるのではないだろうか．

　以上から，ゲーミング構成においては次の課題が見出される．すなわち，①ゲームにおけるキャラクターを適切に複数化し，それぞれについて担当プレイヤーを設ける．かつ，②各キャラクター＝各プレイヤーが，それぞれ固有の背景をもち，必然性のある目標や無視しえない要求を抱えている状況とする．そして，③それら他者の要求やその背景を理解し，またある程度受容しなければ，ゲーム上の目標追求や課題解決が進まないような課題設定とする，の3点である．

　そこで，開発した「1630年代　幕府の選択」においては「マルチプレイヤー型」を採用し，幕府チーム以外に，スペイン・ポルトガルチームとオラン

ダチームの2つのプレイヤーグループを設定した．そして，学習者にとって既有知識の多い幕府以外の2つのキャラクターについて，ゲーム前にPCスライドによる説明の時間を設けて，それらに固有の歴史的あるいは地理的背景やそれらが追求する国家的目標を理解させ，「キャラ理解」を深めさせようとした．

　このゲームで幕府が向かい合う2つのキャラクターのうち，とくに「悪魔化」されやすいのは，カトリック布教と外交関係とを決して分離して発想することができない政教一致国家のスペイン・ポルトガルであろう．この両国は，宗教と軍事とを区別して発想しない聖戦思想の持ち主でもある．この両国が，強力な軍事力にものを言わせ，それまで地球上の各所で行ってきた，「布教」の名による人道にもとる諸行状も，幕府チームは情報として把握している．史実として江戸幕府は，1620年代以降，スペインとは断交し，ポルトガルに対しても猜疑さらに敵視を深めていた．

　しかし，我々のゲーミングでは，このような困難な状況下，スペイン・ポルトガルチームには，宗教的情熱に燃え「けなげに」，あるいは軍事力をちらつかせ「厚かましく」健闘してもらわなければならないルール設定とした．ゲーム結果としては，第2章で見たように，彼らの情熱にほだされ，または脅しに抗しきれず，むげにお引き取りいただくわけにはいかないと判断する幕府チームも出現する．

　いっぽう，オランダは，宗教的寛容政策をとる通商・産業国家であり，今日の我々の常識から理解しやすいビジネスライクな近代市民国家という設定である．むしろ，今日の日本と非常に近似したキャラ設定といってよい．

　しかし，我々のゲーミングでは，オランダに，幕府による軍艦派遣の要請という「絵踏み」が用意されている．この「多国籍軍編成の要請」を，オランダが（史実通り）承諾したならば，スペイン・ポルトガルは，いわば攻守所を変えてオランダを「悪魔化」し非難することが可能という設定である．ただし，こうしたところで，ゲーム上の目標達成という点では，スペイン・ポルトガルにほとんど何のメリットもないのであるが，ゲーム上は勝者となるオランダに（さらにはオランダと結んだ幕府にも）「後味の悪さ」「良心の呵責」を残すことはできるわけである．

　この，オランダへの「軍艦派遣の要請」イベントの設定は，学習者に，「ど

こまでが宗教的寛容で，どこからが宗教弾圧なのかの線引きは，必ずしも容易ではない」ことに気付かせるという意図もある．

　このようなゲーム構成を通じて，学習者がゲームプレイにおいて，「**白か黒か」という二分法的裁断をためらい，問題の各当事者に即した多角的視点をとった考察へと向かうこと，その上で，何を受容すべきで何を受容すべきでないかを判断すること**，これが，今回のような3者の複合的交渉状態を設定した意図である．このようにして，**学習者に，とくに宗教の問題に関して，単純な善悪的裁断の経験をさせたくなかったのである**．――これを**発想法⑤**とする．

　従来の歴史教育における「鎖国」の学習――教科書記述や授業展開――は，あくまで幕府が記述対象であり主体であって，幕府が外部由来の諸問題にどう対処したかという論理で一貫して展開されてきた．そして，この論理構成は，「鎖国」の単元のみに限ったことではない．このような「一国史観」の論理は，小学校歴史から高校日本史に至るまで，自国史学習のスタンダードであると言ってよい．またこの点は，日本における自国史学習にのみ限ったことでもない．しかし，このような論理構成自体が「鎖国」的というのは，言い過ぎであろうか．

　このような現状に照らせば，歴史教育・社会科教育へのゲーミングの導入とその活用の意義は，「マルチプレイヤー型学習」が可能となる点にある．そして，そのゲーム体験によって，学習者に，多角的視点と多価値的視点で社会を見る力を育成することが期待できる．

7　「ネタバレ」の心配は不要――発想法⑥

　大学で行ったゲーミングでは，ゲームプレイの最後で，実際の史実はどうであったのかについて，いわゆる「鎖国」成立のプロセスを学習者に簡単に確認するステップを設けた．その際，実際には幕府は1624年段階でスペインと断交している点も触れた．史実を誤って記憶されては困るからである．このようなステップは，小中高での実践ならば，教科書を用いて確認するのがよいであろう．

　ただ，よいか悪いかわからないのだが，多くの学習者は，史実の説明など特

に聞きたくもないといった様子で，上の空であった．中には，未だにゲームの余韻が冷めやらず，あそこでああすればよかったといった話を小声でしている学習者もいた．

　そもそも，今回ゲーミングの対象とした大学生は，「鎖国」について小中高段階で複数回学習しており，学生によって程度の差はあれ，その史実については基本的に了解している．だから，いまさら史実の確認は不要，ということだったのかもしれない．

　むしろ驚くべきことは，今回のゲーミングを実施するにあたって，学習者がすでに史実について知っているということが障害にならなかった点である．この点は，筆者がこれまで手掛けたいくつかの歴史ゲーミング教材の実施においても，共通して確認された．

　したがって，歴史学習でゲーミングを設計・実施する際には，それが扱う歴史事象が学習者にとって既修事項であるか未修事項であるかは基本的に気にしなくてよいと考えられる．つまり，「ネタバレ」という心配は基本的に不要と考えられる[8]．

　このように，**ゲーミングで扱う事象が学習者にとって既修・既知であるか未修・未知であるかを気にする必要がない**という点は，ゲーミング開発において役立つであろうから，これを**発想法⑥**とする[9]．

8 教科書と現実社会を架橋する——発想法⑦

　それにしても，このように，学習者が史実や事実について知っていながら，それについてのゲーミングが十分に成り立つというのは，なぜなのだろうか．

　この問いは，ゲーミングの本質に迫る（さらに言えば「ホモ・ルーデンス」たる人間の本質に迫る）なかなか奥の深い問いではないかと思われる．

　これについての筆者の暫定的考えは，**ある課題を誰かが実際にどう解いたかを知ることと，それをどう解きえたかを考えることとは別**であり，学習者はこの2つの学習課題を区別できる，というものである．比喩的に言うと，食後のスイーツは別腹という言い方を時々するが，史実・事実の学習とゲーミングによる学習とは，学習者の「別腹」に納まっていくように思われるのである．

にもかかわらず，食事と食後のスイーツの両方があって，我々の満足度がより高まることも，確かである．すなわち，**史実・事実の学習とゲーミングによる学習とは，それぞれ異なった役割を分担しており，それぞれ不可欠の役割を担っている**と考えられる．

　本書で紹介した「1630 年代　幕府の選択」と題するゲーミング型授業は，ここまでに述べたように，「鎖国」を教えるという目的を第一義として開発したものではない．筆者の発想を一言で言えば，〈現代の国際社会が直面する宗教と政治の諸問題を考えさせる上で，「鎖国」が使える！〉というものであった．[10] ——それに気付いたのは，たまたま持ちあがった，「鎖国」をめぐる指導要領改訂の一連の議論がきっかけであった．

　すなわち，筆者としては，通常の歴史授業と，我々が直面する現実の社会との間を架橋する，ということが，今回のゲーミング開発の主要動機であった．このように，**ゲーミング型授業は，教科（書）の内容を現実へと橋渡しするという教育的機能をもつ**と言える．

　したがって，この「橋」をどこにどう架けるか，すなわち，**ゲーミング型授業を，より大きなカリキュラム（単元設計から年間計画に至るまでの）のどこに，どのような題材で，どのような課題設定で，何をめざして位置づけるか**，というのが，社会科でのゲーミング開発と効果的活用を考える教師の発想法，というか課題となってくる．——これを本章では，ゲーミング型授業開発の発想法ととらえ，**発想法⑦**とする．

　実際問題として，ゲーミングは，その開発にかなりの時間と労力を要する．したがって，ここぞと言う機会に，多くても年数回，というのが実施可能な相場であろう．あくまで主役は通常型（講義型，説明型）授業であって，ゲーミング型授業は，それを適切に補い，通常型授業において形成される**歴史・社会諸事象に関する知識・理解を公民的資質へと高めていくための触媒**——あるいは「スイーツ」——と考えるべきであろう．

9　おわりに

　本章が論じ残した課題としては，主要なものだけでも，ゲーミングの教育

効果を増進するディブリーフィングの設計方法，ゲーミングの教育効果を評価する手法，などの大課題がある．これらの課題にアタックするためにも，1人でも多くの社会科担当教師がゲーミング型授業開発を手掛けられ，実践成果の研究的交流に参加されることを切に願う次第である．

注
1）本章では，便宜のために，小中学校社会科，高等学校地理歴史科・公民科を総称して「社会科」と呼称する．
2）また，本ゲーミング教材は，試作した時点で，筆者のゼミの開発者以外の複数の学生をプレイヤーとしてフィージビリティテストを実施し，感想と意見を徴して内容の改良に生かした．開発者が一名単独であっても，開発過程で，開発者とは独立の複数者（職場の同僚など）を対象にして試験実施し，感想・意見を徴することは有益である．
3）原因—結果の「一本道」の連鎖で歴史・社会事象を説明する型の授業についての批判的考察は，次の拙著も参照．（吉永，2015）．
4）「大ブレイク」となった呉座勇一『応仁の乱』（2016）において呉座は，応仁の乱前夜の状況と第一次世界大戦前夜の国際状況との類似性を示唆している．さらに，本書がベストセラーとなった理由として，応仁の乱前夜の状況と，米国一極覇権の後退やEU結束の弛緩が明確となった今日の国際情勢との類似性を指摘できるかもしれない．
5）この主張は，近年の歴史学による「鎖国」期研究の多様な展開が歴史教育内容に反映されていく必要性やその意義を否定するものではない．問題は，いかに斬新な歴史研究の成果が教育に持ち込まれようと，それが学習者にとって「江戸時代についての暗記事項が増えた」という以上の意味を持たないことが危惧される点である．
6）池田久美子（1981）は，C.S.パースのアブダクション概念を用いて，戦後初期社会科における「ごっこ遊び」が，学習者の知識と判断力の生長に重要な意義を有すること指摘した．
7）ゲーム後のディブリーフィングは，ゲーム内で学習者の潜在的な経験に留まっている学習内容を自覚化，言語化，共有させ考察させる機会となる．したがってディブリーフィング自体が，ゲーム内の学習者の個々個別の学習内容を一定程度一般化する過程と言える．このディブリーフィングの過程は，学習者が将来，ゲーミングの学習内容をさらに多様な事象へと適用していくことの足場掛けとなる重要なステップになると考えられる．
8）このことは，歴史事象以外の事象を扱う授業においても同様と考えられる．筆者はかつて，小学校2年生の生活科の授業で，学区にある公園の遊具の配置をレイアウトするという授業を参観した．学習者は当該の公園の実際の遊具の配置を知っているのだが，自分たちなりの遊具の配置を自由に発想していた．

9）ただし，ゲーミング開始時点で，ゲームで扱う事象についての説明をどのくらい丁寧に行う必要があるかの判断などにおいては，当該事象についての学習者の知識状態を十分に考慮する必要がある．

10）したがってこれは，いわゆるカリキュラムの「逆向き設計」の一事例であろう．詳しくは次の書を参照．ウィギンズ，マクタイ（2012）．

参考文献

呉座勇一（2016）『応仁の乱』中公新書.

池田久美子（1981）「『はいまわる経験主義』の再評価──知識生長過程におけるアブダクションの論理」教育哲学会編『教育哲学研究』44，pp. 18-31.

紙屋敦之・木村直也編（2002）『鎖国と海禁』［展望　日本歴史 14］東京堂出版.

桜田美津夫（2017）『物語オランダの歴史』中公新書.

ウィギンズ，G.，マクタイ，J.，西岡加名恵訳（2012）『理解をもたらすカリキュラム設計──「逆向き設計」の理論と方法──』日本標準.

吉永潤（2015）『社会科は「不確実性」で活性化する──未来を開くコミュニケーション型授業の提案──』東信堂.

第11章
SIMPLE, SMART, SOFT の 3 原則で
合意作成ゲーミングを 30 分でつくる！

宮脇　昇

1　合意作成ゲーミングの魅力
—— Simple, Smart, Soft ——

　本書で採録されているゲーミングのうち，最も簡素に作成できるゲーミングの１つが，この合意作成ゲーミングである．多くのゲーミングが主として将来の予測，力関係の変化，過去の再検討といった現象上の無形の変化をもたらすのに比して，このゲーミングは合意文書を作成するという主として有形の成果をもたらす．また模擬国連のようにプレイヤーが複雑なルールを学ぶ必要はなく，秘密目標・制約の事前設定とコンセンサス方式という日常生活でも用いられている決定方式さえ認識すればすぐにでも実行可能なシンプルかつスマートなゲーミングである．会議のアジェンダやアクターの数を増減させることにより必要時間を調整する柔軟性（ソフト）もある．

　合意作成ゲーミングは，作成者の意図に応じて変型しやすい．現実の国際会議を事例にしてその草案作成・採択過程をそのまま実演してもよいし（ただし同じ結論に達するためには，研究を要する），争点を新たに設けて草案作成・採択過程を演じるのもよい．筆者の授業でも前者は，国連安保理や 2015 年の NPT 再検討会議を事例として学生自身がゲーミングをすべて企画した．後者は G7 や G20 サミットにおいて受講生の関心に応じて教員が争点を設定し，草案作成・採択を学生に実施させた（英語による授業）．これら 2 つの型は，外交合意作成を通じた交渉過程の実演の方法論に過ぎず，講義目的に応じて使い分け可能である．

　ゲーミング世界では駆け込み行為を防ぐ誘導を埋め込んだ設計が必要となる（宮脇，2005）のに対して，合意作成ゲーミングの場合は，会議の終了自体が明

白な期限をもって確定しているため，（現実と同レベルで）駆け込み行動を抑制することが可能である．むろん現実世界では，会議終了後，各交渉者はそれぞれの職務等を継続し，そこで会議外交の結果について賞賛を浴び，あるいは非難を浴びることになる．合意作成ゲーミングでは，これらの事後反応をあらかじめルール（目標・制約）に埋め込んでゲーミングを作成することが好ましい．

合意作成ゲーミングは，現実世界とゲーミング世界の乖離が比較的小さいという優位性を有する．合意作成ゲーミングにおける各プレイヤーの選択肢は，軍事力に訴えて強制的な対応をとるというよりは，合意形成の外交的成否に重きをおくため，ソフトである．ただしこのソフトさは，ゲーミングの魅力の小ささとも比例する．

他の国際会議ゲーミングの事例として推奨される対象会議としては，日中韓3国協力（TCS）の枠組みがある．1999年，前々年のアジア通貨危機をふまえて最初の首脳会談が行われ，2008年に年次会議枠組みとなり，2010年の3カ国首脳の合意により3カ国協力事務局がソウルにおかれている．これまで21分野の閣僚級会合が開催されている．すなわち，外務，経済貿易，税関，知的財産，財務，中央銀行，農業，水資源，環境，観光，文化，科学技術，情報通信，運輸・物流，地震，防災，会計検査院，人事，保健，教育，スポーツに及ぶ[1]．つまり，どの分野でも合意作成ゲーミングは可能なのである．

これらをまとめると次の3つのSに集約される．

SIMPLE：簡単なゲーミングをつくる．
SMART：簡単にゲーミングをつくる．
SOFT：簡単にゲーミングをさせる．

以下，順を追ってゲーミングをつくってみよう．

2 すぐにつくろう
――準備はたったの3ステップ！――

忙しい読者諸氏にとって，このゲームは容易に作成できる．次の3つのステップで十分である．

1　どの国際会議にするかを決め，その合意文書を検索サイトで探す．

　最初に，読者のあなたの専門や受講生の関心に応じて，対象となる会議を探そう．おすすめは，G7 や G20 である．2016 年の G7 伊勢志摩サミットでは，ジェンダー，環境，投資，保険，サイバー，汚職（腐敗），テロ，原子力，食料安全保障，持続可能な開発，安全保障に至るまで多くのテーマで成果文書や合意文書がある．テーマは毎年変わるので，たいていの世界的課題について過去に会議が開催されてきていることになる．過去の G7 首脳会議は外務省の和訳（仮訳）がすべてあるが，閣僚会議レベルとなると出そろっていない場合もある．しかし 2008 年（洞爺湖サミット），2016 年（伊勢志摩サミット），2020 年 G20 大阪サミットのように日本が議長国のサミットの場合には日本語（仮訳）全文を探すことができる．

　次に，プレイヤーの数も考えよう．1 人 1 国でもよいし，3 人 1 国でもよい．また G7，G20 だからといって，すべての参加国をそろえる必要もない．G7 のゲーミングに 5 人しか集まらない場合，国益を比較的検索しづらそうなイタリアやカナダを透明プレイヤー（どの草案にも「賛成」するプレイヤー）に置き換えても良い．

ウェブサイト　日本の外務省：https://www.mofa.go.jp/mofaj/gaiko/summit/index.html

トロント大学 G8 研究センター：https://www.g7.utoronto.ca/

　議長国の有無も重要である．議長国がある国連安保理，サミット等を対象にする場合には，議長国の役割を周知させるとともに，ゲーミングの合意形成を容易にするために，プレイヤーの秘密目標・制約を議長にあらかじめ伝えておいてもよい．

2　文書をゲーミング用素案に加工する．

　ゲーミングで用いる合意文書のたたき台（以下，素案）をつくろう．それは簡単にできる．参加する国やプレイヤーの数に応じて，ステップ 1 で入手した文書を加工する．すなわち，

　a）授業で用いるべく優先順位の低そうな内容の段落をまるごとカットす

　る．前文もカットしてもよい（むろん余裕があれば残してもよい）．

　b）専門性が高すぎてプレイヤーがついていけなさそうな文言は，簡単な
　　　文言に置き換える．

　c）争点が多い場合には思い切って2つ程度に絞る．

　上記c）の理由について，例えば，伊勢志摩サミットの「食料安全保障と栄養に関するG7行動ビジョン（仮訳）[2)]」をみてみよう．和訳版はPDFで7頁もある．15名程度のゼミで実施すると考えた場合，あるいは90分授業でゲーミング本番を完結させようとする場合，この文書は長すぎる．しかし実はサミットの文書量はたいてい少なくはない．各国の利害を調整するべく，矛盾しそうな2つの文言を並べたりする技法もあるため，利害対立が激しいほど長くなることが少なくない．

3　簡単なルールと進行表を配布する．

ルールは次の3点に絞る．

その1） コンセンサス方式（第7章参照）で合意文書を採択する．

　　［プレイヤーへのアドバイス］不採択（決裂）でもかまわない．

その2） 秘密目標を各国が複数もうけて，それを最大化するよう努力する．
同時に絶対に譲歩してはならない秘密制約を各国が設定する．
秘密は秘密であるため，他のプレイヤーに情報を漏らさない．交渉時にも
「これは秘密制約だから譲れない」とはプレイヤーに言わせない．また秘密目標・制約のサンプルを配布する．同じ争点でも違う争点でもよいが，素案の文章を国益に即して修正させる（あるいはさせない）ことを内容とする．

　　［プレイヤーへのアドバイス］満点は望めない．

　　［プレイヤーへのアドバイス］制約は増やしすぎず，しかし現実的に．

その3） 交渉用紙は不要．交渉はすべて口頭で行えばよい．

3 ゲーミングをつくる時の気分

あなたは，ゲーミングのプロデューサーである．すべてに責任を負う．しかし気負ってはならない．なぜならこのキュートなゲーミングは，あなたを黒板，また学生への一方的な授業から解放するための手段でもあるためである．

それゆえ，次に示す３つのＣを実践することが望ましい．

1　Cut（切り捨てる）

たたき台となる素案の文書は，長すぎないほうがよい．例えば，前節のG7行動ビジョンの文書では１頁目のほとんどが前文である．人数・時間の条件が厳しい授業用に，適宜カットしたほうがよい．例えば，前文の後に続く「重点分野における行動」は４つある．それらの各小項目における文章の途中に，「この目的のため，G7は以下を決定する」とある．この一文より前の文章は背景説明の確認（これ自体に外交的意味はあるのだが）であるため割愛する．履行を求める大事なところはまさしくその「以下」の内容のためである．当該文書の細かい小項目は，どの小項目もおおよそ５項目である．そのうち作成者あるいは受講生の関心に即して，交渉の争点としてふさわしい（あるいはもめそうな）２，３点に絞り，残りは割愛する．例えば「農業およびフードシステムにおける持続可能性および強靱性の確保」という重点分野は，６つの箇条書きの「決定」がある．ここから受講生の関心がありそうな項目にしぼろう．

2　Cool（冷静にかっこよく）

プレイヤーが冷静にゲーミングできるよう，時間進行において最低限の工夫をする．

まず，90分授業での収め方を考える．遅刻するプレイヤーもいるという前提で，ルール等の情報共有の方法（blackbord, manaba 等のコースツールの利用等）を考えておく．完備情報ゲームでない以上，プレイヤーはエキサイトする可能性がある．それを少しでも防ぐために，公開されている情報を共有させる．またディブリーフィングの時間のかけかたも重要である．あまりだらだら議論さ

せても仕方がないが，全員が発言することで，すべてのプレイヤーの自己肯定感の回復をはかり，それを通じて学習意欲の向上をねらう．

　同時に，ゲーミングの作成にあまり時間をかけすぎない．時間をかければかけるほど，より仔細なゲーミングが生成されてしまい，90分授業では収まりにくくなるためである．

3　Calm on the Camel（ラクダの上では静かに）

　ラクダに乗ると高い位置で移動する楽しさを実感できる．ゲーミングのプロデューサーはまさにその気分になるはずである．上から目線でゲーミングを組織し，プレイヤーに実行させ，そして評価する．ここで，砂漠のラクダにのった人に例えよう．ラクダがどこにいこうと，決して慌てずに気楽にラクダにのりつづけよう．なぜなら，ラクダが地面にしゃがまない限り，ラクダの上の人間は地面に降りられないためである．つまり，プレイが終わらない限り，プロデューサーはゲーミングから逃れられないし，逃れる必要もない．それゆえゲーミング中の口頭での介入は，タイムキーピングをのぞき，最低限に終わらせよう．

4　ゲーミング当日

1）時間管理：90分で終わるよう注意する．
2）欠席者対応：突然の欠席者がいた場合でも進行する．場合によっては透明プレイヤーをおいたり教員が代替したりする．
3）決裂しそうになったとき：余計な助言をせずに，なすがままにさせることが教育上必要である．
4）成否の分かれ目：成否は争点間リンケージ（取引）の有無に関係する．その点は折に触れて一言伝えたほうがよい．また目標にこだわりすぎない姿勢も時には必要である．
5）終わってから：ディブリーフィングは最低限の時間でよい．翌週に実施してもよい．
　　そのための感想用紙を当日配布して次週回収してもよい（メール可）．

5　学習効果を得るための工夫

　教育目標との整合性：授業目標に即してゲーミングを行う必要がある．例え
ば環境を学ぶ授業で領土問題を争点にするのは，たとえそれが尖閣諸島に生息
する山羊の問題であったとしても学生にとって事前学習が2倍になる．

　プレイヤーの数：学生の達成感を高めるため，1アクターあたりのプレイ
ヤーの数が少ない方が望ましい．もし日欧EPAのゲーミングを100人の授業
で実施するのであれば，10の班に分けて日本5名，EU5名とし，10班同時進
行とするのが望ましい．ただし10班の同時進行の全ての進行把握は，さすが
に困難である．

　評価しづらい技能：知識理解より技能にウェートがおかれるのがゲーミング
である．ふだんから買い物で値切りが得意な人は，こうした技能が備わってい
る．著者のようにそうした交渉が不得意な人のために，ゲーミングの授業はよ
い訓練になる．こうした技能は，通常の机上の学習では評価されにくいものの，
ゲーミングでは1人1人の人間性が試される．このことをゲーミングの前にプ
レイヤーに伝えておくと，全員が自覚的に交渉術を認識しながらゲーミングに
臨むだろう．結果的にそれは人間としてのパフォーマンス向上につながる．

　心構え：国際会議の合意形成というと，ハイレベルのハイソサエティなエ
リートによる合意を思い浮かべる．しかしゲーミングの世界に参加する人たち
は，普通の平均的な人たちである．そしてその多くは会社のような組織に所属
したことがない．そのため秘密目標・制約だけにもとづいて，自由な発想で交
渉を行うことができるし，それを進めてもよい．現実世界の交渉に雰囲気を近
づけたければ，プレイヤーの服装をフォーマルにするなどのコードを設定すれ
ばよい．逆にあまり上品ではない言葉を用いて交渉をプレイヤーがすることを
（ハラスメントにならない限り）容認してもよい．プレイヤーの心構えの設定は，
プロデューサーの自由なのである．

注

1）TCS 事務局次長梅澤彰馬氏の報告「日中韓三国協力と東アジア協働安全保障の構築へ」，国際アジア共同体学会，2017 年 6 月 24 日，より．

2）http://www.mofa.go.jp/mofaj/files/000159931.pdf（2019 年 6 月 25 日アクセス）　外務省仮訳．

コラム
世代を超えるゲーミングのプレイヤー

豊田祐輔

　ゲーミングの中核となる「ゲーム」というと子どもが遊ぶものというイメージが強いかもしれない．ゲームというと「ゲームで遊ぶ」などの言葉が思い浮かぶであろう．確かに楽しさを追及するゲームは多く存在する．それらはこれまで身近な存在であり，これからもいたるところで見られるだろう．また，人間だけでなく犬や猫などの他の動物も遊ぶ．ここで遊びを定義することはしないが，遊びの主な機能を挙げるとともに，ゲーミングとの関係についてみてみよう．

　遊ぶという事はどのような意味があるのだろうか．主な主張を挙げると，子どもは遊びを通じて，大人としてうまく生きていくためのスキルを学ぶことができるというものである（ビョークランド他，2008）．例えば，ライオンは子どものころに兄弟姉妹とじゃれ合う．その際，相手を噛むことがあるが，甘噛みであり決して相手に怪我をさせようとしていない．このじゃれるという行為は，大人になった際の狩りに必要な身体能力を鍛えるとともに，狩りの練習として機能していると考えられている．それは，人間の子どもにおいても同様であり，例えば，ゲームを含むルールのある遊びを通じて集団での活動に必要な社会的スキルを身につける機能を有していると考えられている．

　しかし，大人も遊ぶ．ヨハン・ホイジンガは人を「ホモ・ルーデンス（遊ぶ人）」と呼び（ホイジンガ，1973），これまでの研究においても，遊びは未成熟期の特徴ではあるが，大人にも見られることが報告されている（ビョークランド他，2008）．ここでは詳しく議論できないが，例えば囲碁や将棋をたしなむ大人は少なくない．また，テレビゲームは子どもにとって悪影響を与えると悪く見られることが多いが，ｅスポーツ（エレクトロニック・スポーツ）といわれるように，格闘ゲームやスポーツゲームなどのゲームがスポーツとして世界的に認知され，プロゲーマーまで存在する．2018年のアジア競技大会では，ｅスポーツがデモンストレーション競技として実施された．さらに，2022年のアジア競技大会より正式競技に採用されることが議論され，オリンピックサミットにおいてもｅスポーツについて議論されるなど，ゲームは現代社会において，その対象と機能を拡大している（なお，本コラムは2019年2月に執筆しており，読者が本コラム

を読む頃には状況が大きく変わっているかもしれない）.

　さらに娯楽のみを目的とせず，教育や医療用途に利用されるシリアスゲームという分類も存在する．ゲーミングはこちらに分類されると思われるが，生涯学習に代表されるように生涯にわたって学び続けるのであれば，その手法としてのゲーミングは大人になっても使い続けられるはずである.

　実際，筆者はゲーミングを主に高齢者を対象に実施したことがあり，また災害に関するゲームと冠する災害図上演習（DIG：Disaster Imagination Game）やハグ（HUG：Hinanjo Unei Game）は，さまざまな地域において大人を対象に実施されている．それはゲーム形式にすることで大人でも楽しく真剣に考え学ぶことができるからである．「ゲーム」や「ゲーミング」というと子どもの遊びやカジノなどを連想しやすいが，その範囲は思っているよりも広く，今後，ますます社会に貢献していくであろう.

参考文献

ビョークランド，D. F.，A. D. ペレグリーニ著，無藤隆監訳（2008）『進化発達心理　　　学――ヒトの本性の起源――』新曜社.

ホイジンガ，J. 著，高橋英夫訳（1973）『ホモ・ルーデンス』，中央公論新社.

おわりに

　本書の出版が決まってからの長い月日は，編者にゲーミングのマニュアル化の重みを感じさせるものであった．なぜならば，ゲーミングは，個々の形態がまったく自由であり，型をはめることにそぐわない．ゲーミングを創る者が自由に創ればよいのである．しかし，それではゲーミングは普及しない．不安を抱える初心者にとって，ゲーミングを容易につくられるということが分かりさえすれば，魅力あふれるゲーミングを何種類もつくっていくだろう．ゲーミングの容易な作成はゲーミングの普及に貢献する．この確信のもと，本書を世に問う次第である．各方面からの御叱正は覚悟しつつ，執筆陣の協力を得てゲーミングのマニュアル化に挑戦することの意義をあえて強調したい．

　ゲーミングはどのような分野でも可能である．座学と同様に，これは１つの教授法，学び方であって，独立した分野ではない．政治や歴史の事例が多い本書は，その意味では包括的ではないかもしれない．その点は今後の企画を待ちたい．それぞれの専門分野で活躍する読者諸氏にとって，本書がゲーミングを創る契機となれば，望外の喜びである．

　執筆者の方々には，非才の編者ゆえに刊行が遅くなりご迷惑をおかけしたこと，あらためてご海容いただきたい．本書の発刊を心待ちにしてくださって鐘ヶ江秀彦・立命館大学教授（JASAG会長）に巻頭言をいただいたことは，編者にとって光栄であった．また本巻の刊行にこぎつけるまで，晃洋書房編集部の西村喜夫氏にも温かく見守っていただいた．西村氏のご理解がなければ本書が世に出ることはなかった．西村氏に深甚の謝意を表したい．

　2019 年 9 月

編 者 記 す

《執筆者紹介》（＊は編者）

＊吉永　　潤（よしなが　じゅん）［第1・2・10章］
　　　神戸大学大学院人間発達環境学研究科教授
　　主要業績
　　　'The Effectiveness of Negotiation Games in citizenship Education: An Examination of Diplomatic
　　　　Negotiation Game INDEPENDENCE DAY in A Japanese High School' (共著), *Intersections in
　　　　Simulation and Gaming*, Springer, 2018.
　　　『社会科は「不確実性」で活性化する――未来を開くコミュニケーション型授業の提案――』東信
　　　　堂，2015年.

＊豊田祐輔（とよだ　ゆうすけ）［第3・9章，コラム］
　　　立命館大学政策科学部准教授
　　主要業績
　　　「PBL型短期間国際ワークショップによる社会人基礎力成長モデルに関する研究」『地域情報研究』
　　　　第8巻，2019年.
　　　"Gaming Simulations as the Medium for Disaster Education in Schools and Community-based
　　　　Disaster Risk Reduction," *Internet Journal of Society for Social Management Systems*, 11(2),
　　　　2018.
　　　Simulation and Gaming in the Network Society (共編著), Springer, 2016.

　玉井良尚（たまい　よしなお）［第4章］
　　　岡山理科大学講師，京都先端科学大学講師
　　主要業績
　　　「アメリカ軍の戦略的水管理の起源を探る」『地域情報研究』第8号，2019年.
　　　『経済制裁の研究　経済制裁の政治経済学的位置づけ』（共著）志學社，2017年.
　　　「ゲーミング＆シミュレーションの開発・制作を通した国際公共政策の理解」（共著）『政策科学』
　　　　23巻4号，2016年.

　窪田好男（くぼた　よしお）［第5章］
　　　京都府立大学公共政策学部教授
　　主要業績
　　　「ケースメソッドとゲームの交錯」『福祉社会研究』第15号，2014年.
　　　「公共政策学の特性に応じた教育手法の必要性――ケースメソッドを中心に――」『京都府立大学学
　　　　術報告（公共政策）』第1号，2009年.
　　　『日本型政策評価としての事務事業評価』日本評論社，2005年.

＊近藤　　敦（こんどう　あつし）［第6章］
　　　立命館大学政策科学部非常勤講師
　　主要業績
　　　『コンプライアンス論から規範競合論へ――ウソの社会的発生から消滅まで――』（共著），晃洋書
　　　　房，2012年.
　　　『グローバル・ガバナンスの理論と政策』（共著），中央大学出版部，2004年.
　　　「ヘンリー・キッシンジャーの現実」『法学新報』第110巻3・4号，2003年.

＊宮 脇　　昇（みやわき　のぼる）[第7・11章]

立命館大学政策科学部教授

主要業績

「国際政治とシミュレーション」『シミュレーション』27巻3号，2008年.

「『駆け込み核戦争』は防げるか？　国際政治のシミュレーションの課題」『松山大学論集』15巻6号，2004年.

河 村 律 子（かわむら　りつこ）[第8章]

立命館大学国際関係学部教授

主要業績

「経済のグローバル化における食と農の連携関係のあり方を探る」（共著），『ACADEMIA』No. 152，2015年.

『「学び」の質を保証するアクティブラーニング――3年間の全国大学調査から――』（共著），東信堂，2014年.

「農家の女性が先生に――女性農業委員による食育活動――」『農業と経済』第77巻第12号，2011年.

大学の学びを変えるゲーミング

2020 年 1 月 15 日　初版第 1 刷発行	＊定価はカバーに表示してあります

	近藤　敦輔 Ⓒ
編著者	豊田　祐潤
	吉永
	宮脇　昇
発行者	植田　実
印刷者	田中　雅博

発行所　株式会社　晃洋書房

〒615-0026　京都市右京区西院北矢掛町 7 番地
電話　　075(312)0788番(代)
振替口座　01040-6-32280

装丁　野田和浩	印刷　創栄図書印刷㈱
	製本　㈱藤沢製本

ISBN978-4-7710-3245-3

JCOPY 〈㈳出版者著作権管理機構　委託出版物〉
本書の無断複写は著作権法上での例外を除き禁じられています.
複写される場合は, そのつど事前に, ㈳出版者著作権管理機構
(電話 03-5244-5088, FAX 03-5244-5089, e-mail:info@jcopy.or.jp)
の許諾を得てください.